INHALT

> SZENE

S. 12–15: Trends, Entdeckungen, Hotspots! Was wann wo an den Masurischen Seen los ist, verrät der MARCO POLO Szene-Scout vor Ort

> 24 STUNDEN

S. 90/91: Action pur und einmalige Erlebnisse in 24 Stunden! MARCO POLO hat für Sie einen außergewöhnlichen Tag in und um Giżycko zusammengestellt

> LOW BUDGET

Viel erleben für wenig Geld! Wo Sie zu kleinen Preisen etwas Besonderes genießen und tolle Schnäppchen machen können:

Souvenirs und regionale Kunst in Reszel S. 35 | Knackfrischer Stint und Kollegen in Mikołajki S. 47 | Schnuppersegeln in Gyżicko S. 63 | Kaffee und deutsche Kultur in Ełk S. 80 |

> GUT ZU WISSEN

Was war wann? S. 10 | Spezialitäten S. 26 | Blogs & Podcasts S. 52 | Bücher & Filme S. 68 | www.marcopolo.de S. 98 | Währungsrechner S. 100 | Was kostet wie viel ? S. 101 | Wetter in Szczytno S. 102 | Aussprache des Polnischen S. 104

AUF DEM TITEL
Sorkwitys kostbarer Holzaltar S. 35
Gołdap: Wandertour entlang der grünen Grenze S. 80

ENTDECKEN SIE DIE MASURISCHEN SEEN!

Unsere Top 15 führen Sie an die interessantesten Orte und zu den wichtigsten Sehenswürdigkeiten

Die Highlights sind in der Karte auf dem hinteren Umschlag eingetragen

1 Burg der ermländischen Bischöfe
Eine wechselvolle Vergangenheit begegnet in Reszel (Rössel) schöngeistiger Gegenwart (Seite 34)

2 Wallfahrtskirche Mariä Verkündigung
Um den schönen Barockbau in Święta Lipka (Heilige Linde) ranken sich fromme Legenden (Seite 36)

3 Krutynia (Krutinna)
Naturgenuss: Kanuwanderung oder kurzer Bootstrip auf dem bei Wassersportlern so beliebten Fluss (Seite 40)

4 Mikołajki (Nikolaiken)
Das „masurische Venedig" ist zwar ein touristisches Zentrum, aber dennoch nicht überlaufen (Seite 42)

5 Jezioro Nidzkie (Niedersee)
Schön einsam ist der mal blaue, mal tiefgrüne, wunderschöne See (Seite 53)

6 Wojnowo (Eckertsdorf)
Noch heute kann man das Kloster der russischen Altgläubigen besuchen (Seite 54)

7 Feste Boyen
Die gewaltige Festung in Giżycko sollte einmal die Ostgrenze des Deutschen Reiches schützen (Seite 58)

8 Fuledzki Róg (Faulhöder Spitze)
Naturreservat mit riesigem Findlingsfeld und Panoramablick auf den Kissain- und den Doben-See (Seite 60)

> DIE BESTEN MARCO POLO HIGHLIGHTS

9 Puszcza Borecka (Borkener Forst)
Hier gibt es kristallklare Waldseen, einsame Dörfer und viele Wildpflanzen und -tiere (Seite 62)

10 Wilczy Szaniec (Wolfsschanze)
In Hitlers Hauptquartier erinnert ein kleines Denkmal an die Offiziere, die Widerstand leisteten (Seite 66)

11 Sądry (Zandern)
Aus dem 200 Jahre alten Bauernhaus und seinen Stallungen wurde ein Freilichtmuseum: Chata Mazurska (Seite 71)

12 Schloss Steinort
Der einst schönste Adelsitz Ostpreußens in Sztynort verfällt dramatisch, doch noch als Ruine kündet das Anwesen vom humanistischen Geist seiner Schöpfer, der Grafen von Lehndorff (Seite 72)

13 Puszcza Romincka
In der Rominter Heide an der grünen Grenze zu Russland entlangwandern (Seite 80)

14 Viadukte
Die Eisenbahnbrücken in Stańczyki (Staatshausen) galten Anfang des 19. Jhs. als Wunder der Technik (Seite 82)

15 Puszcza Piska
Die Johannisburger Heide: dichte Wälder, verwunschene, kleine Seen und Dörfer, in denen die Zeit still zu stehen scheint (Seite 89)

WAS FÜR TOLLE SEEN!

Jezioro Śniardwy (Spirdingsee)

AUFTAKT

„Land der 1000 Seen" wird Masuren, die malerische Wald- und Seenlandschaft im Nordosten Polens, oft genannt, doch mehr als 3000 sollen es sein: ein Paradies für Wanderungen, Ausritte, Radtouren – und für Wassersportler, die hier traumhafte Segelreviere finden und eine der schönsten Kanurouten Europas. In Masuren verknüpft sich deutsche mit polnischer Geschichte. Viele Kulturdenkmäler zeugen davon: prachtvolle alte Adelssitze, mächtige Ordensburgen. Kein Wunder, dass es immer mehr Touristen hierher zieht, von denen viele längst nicht zum ersten Mal kommen. Denn wie heißt es: Wer einmal in Masuren war, geht nie wieder ganz von dort weg. Probieren Sie es aus!

> In Masuren zieht die Zeit noch immer stille Kreise. Zwar holpern auch im „Land der dunklen Wälder" kaum noch Pferdefuhrwerke über Kopfsteinpflaster, und die verklärte Romantik mit der Gänsefamilie auf der Dorfstraße und Bauern, die am Wegesrand duftendes Heu wenden, gehört eher ins Geschichtsbuch als in den Alltag der Menschen hier. Doch immer noch klappern, wohin man auch kommt, Störche auf ihren Nestern, glitzern hinter Waldsäumen Seen auf, in denen sich das sagenhafte Blau eines masurischen Frühlingshimmels mit dem geheimnisvollen Algengrün der Tiefe mischt.

Im Juni leuchten gelb die Rapsfelder, später im Sommer wiegen sich Weizen und Hafer sacht im Wind auf schmalen Feldern zwischen Kornblumen und Klatschmohn, auf den Weiden dösen Kühe. Die Dörfer: klein bis winzig. In den Gärten flattert Wäsche zum Trocknen, im Hof gackern Hühner. Das Leben nimmt sich Zeit hier. Masuren ist ein Land von sanfter Schönheit.

Die urwüchsige Moränenlandschaft im Nordosten Polens, geologisch gesehen ein Produkt der sogenannten Weichsel-Eiszeit wie die Seenplatten in Mecklenburg und Pommern, steht geradezu als Synonym für unberührte Natur und klare, saubere Luft. Hier wurden nie umweltschädliche Industrien angesiedelt, selbst die sozialistischen Machthaber schreckten davor zurück. Heute gilt Masuren als

> Masuren ist ein Land ohne jede Eile

„grüne Lunge" Polens. Weite Teile des Landes stehen als Naturreservate unter besonderem Schutz – Masuren gehört zu den Kronjuwelen im grünen Netz der Naturlandschaften Europas. Und zu seinen beliebtesten Urlaubsregionen. Die Menschen hier leben traditionell von der Landwirtschaft – und immer mehr vom Tourismus, der in den letzten Jahren ei-

Auf weiten Wiesen weiden Pferde, in den dichten Wäldern dahinter leben Wisente

nen kräftigen Aufschwung genommen hat. Man findet mittlerweile Übernachtungsmöglichkeiten aller Art – vom Luxusapartment im restaurierten Herrenhaus bis zum ländlich-rustikalen Fischerhäuschen am See.

„Ferien auf dem Bauernhof" bedeutet in Masuren nicht nur Wandern, Radfahren und Reiten, sondern auch Segeln, Surfen, Schwimmen und Tauchen. Die Strände an den idyllisch gelegenen Seen laden zum Baden ein, die Flüsse und Kanäle, durch die viele der fast 3000 Seen rings um den 113 km^2 großen Spirdingsee miteinander verbunden sind, zu ausdehnten Bootstouren und Segeltörns. Wer will, kann bis zu einem Monat auf der Masurischen Seenplatte kreuzen, ohne einen Hafen ein zweites Mal anzusteuern. Die schöne Krutynia (Krutinna) kann man auf einer der populärsten polnischen Kajakrouten in einer Zehn-Tagesfahrt hinunterpaddeln.

Masuren ist eine Region, die niemals feste politische Grenzen hatte. Das historische Masuren, das seinen Namen erst im 19. Jh. erhielt, liegt im Südosten des ehemaligen deutschen Ostpreußen. Das polnische Mazury ist größer und umfasst heute auch die südwestlich gelegene Region des Oberlands rund um Ostróda und die seenreiche Gegend um Suwałki im Osten. So gehört heute auch die frühere Ordensritterstadt Rastenburg (heute Kętrzyn) sowie Hitlers Hauptquartier Wolfsschanze in Görlitz (heute Gierłoż) zu Masuren. Auch

> Hier stehen die Burgen der Ordensritter

die historische Region Ermland wird zumindest touristisch oft mit „eingemeindet".

Literarisch liegt Masuren dort, wo „das Land ohne Eile beginnt", wie es Arno Surminski, einer der bekanntesten Schriftsteller Masurens, in seiner „Reise nach Nikolaiken" schildert. Masuren sei ein Land, das „gerne die Zeit verschläft". Das elektrische Licht sei dort ein Menschenleben später erfunden worden und das Telefon lange stumm geblieben. Die ersten Automobile, so erzählt Surminski weiter, hätten gar „ihren Dienst verweigert, als sie der masurischen Wildnis ansichtig wurden".

Tatsächlich galt die Gegend im Mittelalter als „große Wildnis". Hier lebten die Galinder und die Sudauer, zwei Stämme aus dem heidnischen Volk der Pruzzen, die im 13. Jh. von

WAS WAR WANN?

Geschichtstabelle

Ab 500 n. Chr. In Masuren siedeln sich pruzzische Stämme an: Galinder, Barten und Sudauer

997 Bischof Adalbert von Prag wird auf einer Missionierungsreise von den Pruzzen erschlagen

1225 Der polnische Teilfürst Konrad von Masowien ruft den Deutschen Orden gegen die Pruzzen zu Hilfe

13./14. Jh. Die Ordensritter unterwerfen die Pruzzen, errichten Burgen, holen deutsche Siedler ins Land

1525 Der letzte Hochmeister löst den Ordensstaat auf und unterstellt das nunmehr weltliche Herzogtum Preußen der polnischen Lehenshoheit

1772–1918 Nach drei Teilungen ist der polnische Staat ausgelöscht

1918 Polen wird wieder ein souveräner Staat

1920 Gemäß Versailler Vertrag stimmen die Bewohner West- und des südlichen Ostpreußens ab, ob sie den Anschluss an Polen wünschen. Über 97 Prozent der Masuren stimmen für Ostpreußen

1945 Die Rote Armee besetzt Ostpreußen. Die Deutschen fliehen oder werden vertrieben. Masuren wird polnisch

1980 Die freie Gewerkschaft Solidarność entsteht

1990 Lech Wałęsa, der Arbeiterführer von Danzig, wird Staatspräsident

1999 Polen wird Nato-Mitglied

2004 Polen wird Mitglied der EU

2007 Der Liberale Donald Tusk wird Ministerpräsident

2010 Staatspräsident Lech Kaczyński stirbt bei einem Flugzeugabsturz

den Mönchsrittern des Deutschen Ordens grausam unterworfen wurden, da sie sich der Christianisierung widersetzten. Im Hotel Galindia am Beldahnsee können Gäste sich mit etwas Fantasie in diese Zeit zurückversetzen. Im 14. Jh. siedelten sich dann sächsische und schlesische Kolonisten an, später auch Polen aus Pommern und dem Kulmer Land. In Johannisburg (heute Pisz), in Lötzen (Giżycko) und Rhein (Ryn) entstanden Burgen des Deutschen Ordens. Der ins Land gerufene Nachbar wurde den polnischen Königen jedoch bald zu mächtig, und als Verhandlungen zu nichts führten, kam es 1410 zur großen Schlacht bei Tannenberg und Grünfeld (polnisch Grunwald), in der ein polnisch-litauisches Heer die Ordensritter vernichtend schlug. Nach dieser Niederlage siedeln sich im preußischen Ordensland vor allem polnische Bauern aus Masowien an, einem polanischen Fürstentum (*pola* bedeutet Feld) aus der Umgebung des heutigen Warschau. Sie geben der Region ihren Namen – Masuren.

Als zu Beginn des 16. Jhs. der letzte Ordenshochmeister, Albrecht von Brandenburg-Ansbach, den lutherischen Glauben annimmt, wird auch Masuren evangelisch. Albrecht wandelt den Ordensstaat in das weltliche Herzogtum Preußen um und leistet dem polnischen König Zygmunt I. den Lehenseid. Nach der Reichsgründung 1871 unter Bismarck setzt eine strenge Germanisierung ein: In den Schulen darf nun nicht mehr Masurisch gesprochen werden. Der sogenannte „Volkstumskampf“ beginnt. Doch auch die polnischen Masuren fühlen sich nicht zur 1918 neu

> **Herrliche Landschaft, alte Kultur**

gegründeten Republik Polen hingezogen. Nur ein Prozent der Bevölkerung Masurens spricht sich in der Abstimmung von 1920 für den Anschluss an Polen aus.

suren zogen später nach und nach in die Bundesrepublik, da sie von den kommunistischen Machthabern als vermeintlich „Germanisierte" schikaniert wurden. Heute leben in Masuren bereits die zweite und dritte Generation der Zugezogenen aus Zentral- und Ostpolen, Ukrainer, Weißrussen und Litauer sowie eine kleine deutsche Minderheit. Längst sind diese Menschen in Masuren heimisch geworden und schaffen, ge-

Ebenso farbenfroh wie ihr Haus ist die Tracht dieser masurischen Bäuerin

Im Zweiten Weltkrieg lässt Adolf Hitler in den unzugänglichen Wäldern Ostpreußens eine riesige Bunkerstadt errichten, die Wolfsschanze, heute eine viel besuchte Ruinenstadt. Die meisten Deutschen, die in Masuren gelebt hatten, flohen 1945 oder wurden vertrieben. Doch auch viele der in ihrer Heimat verbliebenen Ma-

prägt von den faszinierenden Naturschönheiten dieser Gegend, eine neue Kultur, die das Erbe der alten annimmt und weiterträgt. Freuen Sie sich auf ihre herzliche Gastfreundschaft und auf ihr bezauberndes „Land ohne Eile", dessen Reizen sich wohl kein Besucher zu entziehen vermag.

WAS IST ANGESAGT?

Trends, Entdeckungen und Hotspots! Unser Szene-Scout zeigt Ihnen, was an den Masurischen Seen los ist

Alicja Marczak

Die Germanistin ist nicht nur Fan der pulsierenden Musikszene, sondern auch der masurischen Küche! Ihr Favorit: Sauerampfersuppe. Wenn unser Szene-Scout nicht gerade die neusten Trends der Region erkundet, arbeitet sie auf dem Landgut ihrer Eltern. Neben der unberührten Natur liebt sie auch die Ruhe, die sie hier vom Unileben in Elbląg findet.

TAUCHMANÖVER

Der Kick unter Wasser

Seen so weit das Auge reicht – klar, dass sich das Leben hier rund ums Wasser abspielt. Vor allem die Taucher kommen voll auf ihre Kosten und wagen immer ausgefallenere Manöver. Eisiges Vergnügen: Tauchen in den zugefrorenen Seen. Mit Sauerstoffflasche und Neoprenanzug gleitet man unter den dicken Eisschichten. Ausprobieren kann man das in der Tauchschule *Centrum Nurkowe Diver (ul. Mickiewicza 9, Giżycko, www.ckdiver.pl)*. Mit einem Seil gesichert lässt man sich in die dunklen Tiefen hinabgleiten. Extrem! Der Spaß steht beim *Klub Płetwonurków Płetwal (ul. Traugutta 14c, Giżycko, www.pletwal.com)* an erster Stelle. Hier geben die Mitglieder schon mal mit Tuba, Trompete und Co. ein Konzert unter Wasser oder bringen versunkene Gegenstände wieder nach oben. Spektakulärste Bergung: ein riesiges Segelboot, das die Taucher ans Tageslicht befördert haben.

SZENE

GENUSS & QUALITÄT

Rustikal und deftig

Während im Rest Europas der Trend in Richtung vegetarisch geht, wird in der Region auf Fleisch pur gesetzt. Qualität und Raffinesse stehen dabei im Vordergrund. Im *Karczma Stary Młyn (Upałty 2, www.karczma-upalty.com,* Foto*)* kommen Schlemmereien wie gegrilltes Nackensteak in Moosbeeren- oder Honig-Walnusssauce auf den Teller. Für Gourmets: die saure Mehlsuppe mit Weißwurst. Deftige Spezialitäten kommen auch im *Restauracja Grota* auf den Tisch. Hier gibt's nicht nur Fleisch satt, man diniert noch dazu im urigen Kellergewölbe an robusten Holztischen *(ul. Nadbrzeżna 3a, Giżycko, www.zajazd-bialymlyn.pl/grota.html)*.

ELEKTROFUNK

Raus aus der Versenkung

Von wegen nur Folklore und Vogelgezwitscher. Die jungen Musiker der Region holen sich ihre Inspiration von außerhalb, mixen ihre eigenen Sounds dazu und mischen mit ordentlichen Beats die Musikszene auf. An den Plattentellern ist DJ Sz.P.aN Fachmann für elektronische Musik mit Breakbeats. Seine Musik kennzeichnet vor allem der groovige Bass *(www.myspace.com/szpan)*. Auch MC Pica gehört zu den jungen Wilden der Szene. Bei ihm an der Tagesordnung: ein treibender Mix aus Drum 'n' Bass und Jungle. *(www.myspace.com/pikamc)*. Jung, laut mit Einflüssen von Squarepusher bis Kraftwerk – das ist Milkman Digital. Der DJ und Produzent bezeichnet seinen Style als einen Mix aus Techno und Funk. Unbedingt anhören *(www.myspace.com/milkmandigital)*. Wer den neuen Sound gerne live erleben möchte, geht in den *Klub Agaton*. Hier geben sich die lokalen DJs die Klinke in die Hand *(ul. Polska 47A, Szczytno, www.klub.agaton.pl)*.

SCHUTZBEFOHLEN

Engagement statt Gleichgültigkeit

Immer mehr Vereine und Freiwillige engagieren sich für die Region. An vorderster Front: die *Fundacja Ochrony Wielkich Jezior Mazurskich*, die z. B. die Wasserqualität der Seen prüft und Müll in Wäldern sammelt *(ul. Moniuszki 17, Giżycko, www.jeziora.com.pl,* Foto). Der Verein *Sadyba* hat es sich zur Aufgabe gemacht zu schützen, was masurisch ist. Die Mitglieder kümmern sich um den Erhalt von Architekturdenkmälern. Außerdem versuchen sie mit Aktionen, sinnlosen Abholzungen entgegenzuwirken *(Kadzidłowo 1, Ukta, www.sadyba.free.ngo.pl)*. Unterstützung bekommen sie von *Stowarzyszenie Wspólnota Kulturowa Borussia*, die sich auch für den Erhalt der charakteristischen Merkmale der Region stark machen *(ul. Kopernika 45, Olsztyn, www.borussia.pl)*.

RELAX-OASEN

Entspannung mit Luxus und Design

Bislang hat man sich hauptsächlich in der Natur und beim Sport erholt. Jetzt ist die Wellnesswelle auch nach Masuren geschwappt und trumpft mit viel Style und durchdesignten Spa-Oasen auf. Bestes Beispiel ist das *Siedlisko Morena*. Das Luxusresort hat z. B. einen beleuchteten Pool, in dem man sich vollkommen entspannen kann *(Jeziorowskie 11a, Stare Juchy, www.siedliskomorena.pl,* Foto). Im Spa von *Ognisty Ptak* entspannt man bei Honig- und Schokomassagen *(ul. Sztynorcka 6, Ogonki, Węgorzewo, www.ognistyptak.pl)*.

AUFBRUCHSTIMMUNG

All-in-one-Architektur

Die Bauherren denken um. Neben typischen kleinen Häusern und alten Marktplatzstrukturen entstehen All-in-one-Areas. Das Besondere: Sie sind keine futuristischen Zukunftsvisionen, sondern in Charakter und Stil an die Region angepasst. Wie die neue Passage in Giżycko, die mit Restaurants und Apartments überzeugt *(Hafenpromenade, www.apartamentywielkiejeziora.pl)*. Die Mazury Residence bietet Wohnhäuser, Yachtanlege- und Tennisplätze *(www.arna.pl)*. Das geplante Apartmenthaus *Nad Jeziorem* mit Einkaufszentrum verbindet ebenfalls Wohnraum mit Freizeit und setzt architektonische Maßstäbe in Naturstein *(ul. Wyzwolenia 6, Giżycko)*.

GEGEN DEN WIND

Leidenschaft auf Eis

Eissegeln steht hoch im Kurs, und die sportfanatischen Tüftler erfinden immer bessere Techniken und Materialien, um Konkurrenten abzuhängen. Vor allem auf dem Spirdingsee trifft man sich, um bei genügend Eis und optimaler Windstärke die Neuerungen zu testen. Hotspots der Eissegler sind Węgorzewo, Wilkasy und Mikołajki. Auch Anfänger können schnell einsteigen und z. B. bei *Kurs Mazury (ul. Kilińskiego 14, Giżycko, www.kursmazury.com)* die richtige Technik lernen. Wie man das perfekte Board baut, lesen Fans in der Bauanleitung von *Iceboard Mazury (www.iceboard.mazury.info.pl)* nach. Was einfach aussieht, ist Präzisionsarbeit. Neueste Errungenschaft: der *Iceflyer*. Sieht aus wie eine Flunder auf Kufen und geht richtig ab *(www.bojery.mazury.info.pl)*.

ÖKOLOGISCH UND SANFT

Im Einklang mit der Natur

Biolandgüter und Campingplätze setzen auf Nachhaltigkeit und wollen das Bewusstsein für die Region stärken. Im *Biolandgut Masuren Marczak* werden nicht nur Getreide, Gemüse, Haselnüsse und Himbeeren selbst angepflanzt und frisch geerntet, die Gäste dürfen hier auch selbst ran und bei Ernte und Pflege helfen. Danach entspannt man bei einem Bad im hauseigenen See. Besonders interessant und ausgezeichnet: die 350 m² große ökologische Schilfkläranlage *(Lech Marczak, Gize 41, Świętajno bei Olecko, www.ekoturystyka.com.pl,* Foto*)*. Auch der Campingplatz in Stare Juchy *(ul. Sportowa 2, www.ekoturystyka-camping.pl)* hat schon Preise für sanften Tourismus erhalten und bindet die Besucher in den Umweltschutz mit ein. Blick nach vorn: In Giżycko ist der Bau einer neuen „Ecomarina" geplant. Der Segelboothafen mit 292 Stellplätzen soll höchste Ökostandards erfüllen.

> BAUERNHÖFE UND BACKSTEINBURGEN

Im „Land der 1000 Seen" prägt bewegte deutsch-polnische Geschichte bis heute Landschaft und Leute

ARCHITEKTUR

Deutlich sichtbare Zeichen für die über 600-jährige gemeinsame Geschichte von Deutschen, Litauern und Polen sind die Architekturdenkmäler rund um die Masurischen Seen. Friedhöfe aus ostpreußischer Zeit zeugen ebenso von historischen Kulturen wie mittelalterliche Wehrburgen. Ganz aus rotem Backstein gebaut sind die *Burgen des Deutschen Ritterordens* in Ryn (Rhein), Węgorzewo (Angerburg) und Giżycko (Lötzen).

Charakteristisch für die masurische Architektur sind kleine Dorfkirchen aus dem 16. und 17. Jh. Die älteste kann man in Miłki (Milken) bewundern. Sehenswert sind auch die Kirchen aus Natur- und Backstein in Mikołajki (Nikolaiken) und die 1827 erbaute evangelische Kirche in Giżycko. Zwischen Dargainen- und

STICH WORTE

Mauersee liegt romantisch-herrschaftlich *Schloss Sztynort (Steinort),* ehemaliger Sitz der Grafen Lehndorff aus dem 17. Jh. Leider verfällt es seit Jahren.

Zu den interessanten Architekturdenkmälern der Masurischen Seenplatte gehören die *Wolfsschanze,* das ehemalige „Führerhauptquartier" in Gierłoż (Görlitz) und – nur wenige Kilometer weiter in Giżycko – die preußische *Festung Boyen* von 1847. Ein bemerkenswertes technisches Bauwerk ist der nie ganz vollendete *Masurische Kanal,* der vom Jezioro Mamry (Mauersee) bis zur Łyna (Alle) im Bezirk Kaliningrad (Königsberg) führt.

ARMUT

Das Wort *bieda* (Armut) hat in Masuren einen vertrauten Klang. Die Menschen hier leben seit Jahrhunderten von den eher kargen Erträgen der Landwirtschaft. Nur die Großgrundbesitzer kamen zu Wohlstand und Ansehen. Nach dem Zweiten Weltkrieg wandelten Polens Kommunisten die Ländereien des deutschen Adels in Staatsgüter um und übergaben Land an die polnischen Vertriebenen aus dem Osten, die hier eine neue Heimat fanden. 1990 wurden die meist hoch verschuldeten Kolchosen aufgelöst. Zurück blieben zahlreiche Landarbeiter, die ohne jede Qualifikation keine Chance auf dem Arbeitsmarkt haben. Die Arbeitslosigkeit im Nordosten Polens ist die höchste im ganzen Land. Nur an den Masurischen Seen blüht mit dem Tourismus ein neuer Wirtschaftszweig auf.

BAUERN

Rund ein Viertel der Polen lebt von der Landwirtschaft. Sie ist moderner geworden in den letzten Jahren, auch wenn sie noch nicht so durchmechanisiert ackert wie in den alten EU-Ländern. Mancherorts in den Dörfern prallen nun Welten aufeinander: Hier der Agrarunternehmer mit seinen modernen Traktoren, nebenan auf einem handtuchschmalen Acker geht der Bauer hinter dem Pferdepflug her, und beim Lesen der Kartoffeln im Herbst hilft die ganze Familie mit.

Die durchschnittliche Größe eines Bauernhofs in Polen liegt bei 7 ha. Das ist zu wenig, um damit etwas anderes als bloße Subsistenzwirtschaft zu betreiben: So leben die meisten

Bernstein: Neben schönem Schmuck sind auch etwas abenteuerliche Kreationen im Angebot

Bauern von dem, was sie anbauen, und bringen die Überschüsse auf den nächsten Wochenmarkt oder zu den staatlichen Abnahmestellen.

Rund um die Masurischen Seen versuchen immer mehr Bauern in der sogenannten *agroturystyka* ein Zubrot zu verdienen, modernisieren ihre Bauernhäuser grundlegend oder bauen Häuschen am See, kaufen Boote und Räder für ihre Gäste.

BERNSTEIN

Der im Straßenhandel und in exklusiven Galerien angebotene Bernsteinschmuck lässt kaum vermuten, dass Polen rund 250 t Rohbernstein jährlich verarbeitet, etwa 85 Prozent des Schmucks ins Ausland exportiert und damit über 300 Mio. US-Dollar im Jahr verdient. Der polnische Bernsteinexport macht fast 60 Prozent des weltweiten Handels mit dem „Gold der Ostsee" aus. Allerdings werden in Polen selbst jährlich nur rund 3–7 t Bernstein gesammelt. Der größte Teil des Rohbernsteins stammt aus der benachbarten russischen Exklave Kaliningrad (Königsberg), wo das fossile Baumharz in so großen Vorkommen lagert, dass es sogar im Tagebau gefördert wird. Die Russen haben den Rohstoff, doch die Polen sind Meister in der Verarbeitung von *bursztyn,* wie der Bernstein auf Polnisch heißt.

KIRCHE

Masuren war lange Zeit eine Hochburg der evangelischen Kirche. Als der Staat der Ordensritter 1525 weltlich wurde, übernahmen auch die polnischen Untertanen des Herzogtums Preußen den Protestantismus und bildeten eine spezifische Frömmigkeit aus, zu der auch abergläubische und slawische Bräuche zählten. Die katholische Kirche besetzte nach 1945 einen Großteil der evangelischen Kirchen in Masuren, da diese aus Mangel an Gläubigen leer standen, die letzten fünf noch 1981. Die Protestanten mussten in Friedhofskapellen ausweichen und hielten ihre Andachten immer öfter auch in Privathäusern ab, da die neuen evangelischen Pastoren die Gottesdienste nur auf Polnisch abhielten. Heute ist wie überall in Polen die katholische Kirche in Masuren vorherrschend. Der sonntägliche Kirchgang ist fester Brauch, auch Pilgerzüge sieht man durch Wiesen und Felder ziehen. Allerdings hat die Kirche in den letzten Jahren viel an Einfluss verloren.

MINDERHEITEN

In kaum einer Gegend Polens leben so viele Minderheiten zusammen wie in Masuren: Deutsche, Litauer, Weißrussen, Ukrainer und Russen. Von den Juden, die vor dem Zweiten Weltkrieg vor allem in den größeren Städten wohnten, hat kaum jemand überlebt. In manchen Städten, wie in Szczytno (Ortelsburg), wird seit einigen Jahren der jüdische Friedhof wieder instand gesetzt und gepflegt. Doch das Bewusstsein, dass es auch dieses Kulturerbe zu erhalten gilt, wächst erst langsam. Immerhin trauen sich die nationalen Minderheiten aber inzwischen, sich auch öffentlich zu ihrer Kultur zu bekennen und sie wieder zu pflegen.

PHILIPPONEN

Mit den Reformen des russischen Patriarchen Niko begannen im 17. Jh. Veränderungen, die die orthodoxe Kirche in erbittertem Streit spalteten. Die Raskolniki (Altgläubigen), auch Philipponen genannt, waren scharfe Gegner jeglicher Neuerungen. Von der reformierten Staatskirche verfolgt, flohen sie in entlegene Gebiete, etwa nach Sibirien, und Anfang des 19. Jhs. auch nach Polen. Die ersten Siedlungen der Philipponen in Polen entstanden im damals zu Polen gehörenden Wilna und dem heutigen Masuren. Sie lebten weitab der Städte in den Wäldern. König Friedrich Wilhelm III. überließ ihnen ein großes Stück der Johannisburger Heide zur Ansiedlung.

SEEN

Wie viele Seen Masuren wirklich besitzt, weiß wohl niemand genau. Zwar zählte schon 1880 ein Königsberger Schulmeister namens Benecke nach und kam auf 3000. Es sollen aber viel mehr sein, wobei das Problem in Masuren schon mit einer simplen Frage beginnt: Was ist noch Teich und was schon See?

Geologisch ist die masurische Seenlandschaft wie auch die Seenplatte Mecklenburg-Vorpommerns ein Kind der Eiszeit. Gigantische Gletscher schoben sich in mehreren Kälteperioden aus Nordeuropa heran und schoben dabei so gewaltige Geröll- und Schuttmassen vor sich her, dass nach dem Abtauen des Eises, zuletzt vor 12000 Jahren, bis zu 300 m aufragende Hügelketten zurückblieben. Zwischen diesen Moränen bildete das Schmelzwasser zahllose Seen – manche weit und flach wie Schüsseln, andere als schmale, tiefe Rinnen. Ein solcher Rinnensee ist der Jezioro Hancza bei Suwałki, mit 108 m einer der tiefsten Seen Europas. Die größte Ausdehnung hat

Des Weißstorchs seltener Bruder: Der Schwarzstorch ist ein scheuer Waldbewohner

mit 114 km^2 der Jezioro Śniardwy, der Spirdingsee.

STÖRCHE

Masuren ist ein Storchenland. Kaum ein Dorf, in dem nicht mindestens ein Hausdach ein Nest trägt, doch auch auf Schornsteinen, Telegrafenmasten und Bäumen nisten die Störche gern, ihr Schnabelklappern gehört zur masurischen Landschaft wie der blauweiße Sommerhimmel. Alljährlich Ende März wird die Ankunft von „Wojtek", wie Adebar hier heißt, freudig erwartet. Nirgends in Europa nisten so viele Weißstörche wie im einstigen Ostpreußen. Man schätzt die Zahl auf 4500–5000 Paare, davon die Hälfte in Masuren, wo es vor allem nahe der russischen Grenze nordöstlich von Bartoszyce richtige „Storchendörfer" gibt, allen voran Zywkowo (Schewecken): Das Dörfchen hat nur ein Dutzend Häuser, aber 42 Storchennester. Im Hochsommer kann man auf den Feldern Versammlungen von oft über hundert Adebars beobachten. Dann aber ist der masurische Storchensommer auch schon bald wieder vorbei: Ende August ziehen die Vögel in Richtung Afrika ab.

TRAKEHNER

Nur wenige Pferderassen sind so legendenumwoben wie die Trakehner Ostpreußens, ausdauernde Warmblüter mit eingekreuztem arabischem und englischem Vollblut. In Rastenburg (Kętrzyn) bestand bis zum Ende des Zweiten Weltkriegs eine der bedeutendsten Trakehner-Hengststationen. Diese Pferde eigneten sich nicht nur für die Kavallerie – Preußens „Soldatenkönig" Friedrich Wilhelm I. hatte speziell zur Zucht von Militärpferden das Trakehner-Hauptgestüt östlich von Königsberg gegründet –, sondern auch für die Landarbeit und den Reitsport. Ihr Brandzeichen war die siebenzackige Elchschaufel. Nach dem Krieg begann Jacek Paczyński im ermländischen Liski-Judyty (Juditten) mit einigen Trakehnerstuten eine neue Trakehnerzucht. Heute befindet sich hier Polens bedeutendste Pferdezucht mit zurzeit knapp 300 Pferden.

UMWELT

Dass Masuren auch heute noch wie zu Ostpreußens Zeiten das „Land der dunklen Wälder und kristallenen Seen" genannt werden kann, verdankt es der fehlenden Schwerindustrie. Es gibt mehrere Naturschutzparks, Reservate und Vogelschutzgebiete, wo sich Höckerschwäne, Kormorane, Kraniche und Seeadler zu Hause fühlen. In der Puszcza Piska (Johannisburger Heide) und der Puszcza Borecka (Borkener Forst), der auch Borker Urwald genannt wird und Polens zweitgrößtes Waldgebiet darstellt, kann man nicht nur herrlich spazieren gehen, sondern auch viele Tiere (Wisente, Hirsche, Wölfe) in freier Wildbahn sehen. Seit der politischen Wende von 1990 ist auch viel für die Wasserqualität der Flüsse und Seen getan worden. Im ganzen Land – nicht nur in Masuren – wurden Kläranlagen gebaut, sodass das Wasser inzwischen überall klar und sauber ist.

FEIERN AN UND AUF DEN SEEN

Ritterspiele und Johannisnacht, Oldtime-Jazz und heiße Countrymusik

> Sollte das Osterfest in die Zeit Ihres Ferienaufenthalts in Masuren fallen, wundern Sie sich nicht, dass sich hier alle gegenseitig mit Wasser bespritzen und Sie womöglich auch etwas abbekommen: Sie sind mitten in den *śmigus dyngus* geraten, einen Osterbrauch, der mit der Wiederauferstehung so viel zu tun hat wie der Osterhase, der die bunt bemalten Eier am Tag zuvor versteckt hat. Im Sommer werden Ihnen auf der Straße mitunter Ritter in mittelalterlichen Rüstungen begegnen, was nichts mit Dreharbeiten oder irgendeiner Reklame zu tun hat, sondern mit dem Faible der Polen für Ritterspiele. Die vielen Burgen der Ordensritter laden ja auch dazu ein.

FEIERTAGE

1. Januar *Neujahr;* **Ostermontag***;* **1. Mai** *Tag der Arbeit;* **3. Mai** *Jahrestag der Verfassung vom 3. Mai 1791;* **Fronleichnam***;* **15. August** *Mariä Himmelfahrt;* **1. November** *Allerheiligen;* **11. November** *Unabhängigkeitstag von 1918;* **25./26. Dezember** *Weihnachten*

FESTE UND EVENTS

Januar–März

Pferdeschlitten- und Eissegelrennen auf den zugefrorenen Seen zwischen Mikołajki, Giżycko und Węgorzewo.

Juni

Internationale Tage der Region Bartoszyce: Konzerte von Folklore- und Blasmusikgruppen.

Johannisnacht: In der kürzesten Nacht des Jahres, am 23. Juni, werden überall wagenradgroße Kränze mit brennenden Kerzen auf die Reise zum Meer geschickt.

Juli

Festival der Kultur der polnischen Ostgebiete (heute Ukraine, Weißrussland und Litauen) in Mrągowo, dem früheren Sensburg.

Kulturtage von Mrągowo: Kunstausstellung regionaler Künstler (erstes Wochenende).

Schlacht von Grunwald: Jedes Jahr stürzen sich am 14. Juli Tausende von

> EVENTS FESTE & MEHR

„Rittern“ in die Schlacht und besiegen wie 1410 das Heer des Deutschen Ordens. Das Spektakel wird im Fernsehen übertragen und zieht Zehntausende Touristen an (13.–15. Juli).
Hafenfestival mit Shantys, Countrymusik und Blues in Mikołajki.
Goldaper Tage: Wahl der „Miss Gołdap“, Hubschrauberrundflüge, Ballonfahrten.
Shanty-Festival in Giżycko: Konzerte zum Mitsingen, Volksfestcharakter (Mitte des Monats).
Countrymusik-Wochenende in Giżycko: Konzerte, man kommt mit Motorrad und in Westernoutfit (Monatsende).
Niedersee-Tage mit einer Reihe von Konzertveranstaltungen am Jezioro Nidzkie (Monatsende).
Haltestelle Olecko: Familienfreundliches Popfestival in Treuburg (Monatsende).

Juli/August

Insider Tipp *Piknik-Country:* Internationales Festival der Countrymusik in Mrągowo. Drei Tage lang liegt das sonst so verträumte Städtchen im Country-Fieber, und im 5000 Menschen fassenden Amphitheater feiert das Publikum internationale Stars. Aus ganz Polen reisen junge Leute in abenteuerlicher Aufmachung an und brausen auf ihren Motorrädern fahnenschwenkend durch den Ort.
Orgelkonzerte an jedem Wochenende in Święta Lipka.

August

Masurisches Folkloretreffen in Olecko.
Internationales Oldtime-Jazz-Festival „Goldenes Waschbrett“ in Iława.
Insider Tipp *Ritterturnier* in Szczytno: Während ihres jährlichen Treffens probt die „Ritterbruderschaft von Schwert und Armbrust“ bei der Burgruine von Ortelsburg eine Zeitreise ins Mittelalter.

September

Der Herbst in Masuren: Konzerte, Spiele sowie eine Ausstellung von Booten und Segelzubehör in Mrągowo (Mitte des Monats).
Sommerabschied mit Rockmusik in Bartoszyce.

> SUPPE UND PIROGGEN, TEE UND WODKA

Masuren kochen und essen für ihr Leben gern und gut – dafür lassen sie sich auch viel Zeit

> Polen war über Jahrhunderte ein Vielvölkerstaat. Zur traditionellen polnischen Küche gehörten daher immer auch russische und litauische Gerichte, deutsche, jüdische und ukrainische. Bis heute sichtbar sind diese Einflüsse insbesondere bei den Vorspeisen, den zahlreichen Fischsalaten, den Pastetchen und vor allem den köstlichen Suppen.

Polen nehmen sich viel Zeit für die Hauptmahlzeit des Tages. Alles muss frisch zubereitet werden. Damit man gemeinsam essen kann, setzt man sich erst gegen 14 oder 15 Uhr an den Tisch, aber es kann auch schon mal 17 Uhr werden. Dann gibt es am Abend nur noch *kanapki,* also kleine belegte Brote.

Am Mittag aber steht die Suppe im Vordergrund. Berühmt ist *barszcz,* die süßsaure Rote-Bete-Suppe, auf der ein kleines Sahnehäubchen oder pilzgefüllte *uszki* (kleine Klößchen) schwimmen. Oft wird sie auch pur

ESSEN & TRINKEN

serviert mit einer fleischgefüllten Blätterteigpastete auf einem separaten Teller. Köstlich ist auch *kapuśniak,* eine Sauerkrautsuppe, die ihren Geschmack fein geschnittenem Lauch und krossen Fleischwürfeln verdankt. Sehr beliebt ist *krupnik,* eine Graupensuppe mit Möhren, Lauch, Sellerie oder auch *żurek,* eine im Rang eines Nationalgerichts stehende, mild säuerliche Suppe aus gegorenem Roggen- oder Weizenmehl (dem *żur*), mit viel Knoblauch und knusprigem Speck. Im Sommer wird gern *chłodnik,* eine Kaltschale, gegessen, entweder rosa (Rote-Bete-Suppe mit Kefir), weiß (Gurken-Kefir-Suppe mit Knoblauch und Dill) oder hellgrün (Spinat-Kefir-Suppe).

Das Hauptgericht besteht meist aus Schweine- oder Rinderbraten mit Kartoffeln. Oft wird dazu ein *zestaw surówek* gereicht, ein Teller mit drei oder vier Rohkostsalaten. Mit Gemüse tun sich die Polen noch etwas schwer. Im Restaurant sollten Sie *schab* und *wołowina* eher meiden, da diese Fleischgerichte meist langweilig-lieblos zubereitet werden. Auch das *sznycel* ist nur dann ein echtes Schnitzel, wenn „auf Wiener Art" dabeisteht. Sie sollten sich also nicht wundern, wenn Sie *sznycel* bestellen und eine Bulette erhalten. Das kann Ihnen übrigens auch beim *kotlet* passieren. Auf der sicheren Seite sind Sie hingegen immer bei Ente, Truthahn, Hähnchen oder Fisch.

Ein regelrechtes Festessen ist ein Eintopf aus Sauerkraut, Kohl,

> SPEZIALITÄTEN

Genießen Sie die typisch masurische Küche!

barszcz – Rote-Bete-Suppe, oft mit saurer Sahne

budyń makowy – Mohnpudding

gołąbki – Krautrouladen, gefüllt mit würzigem Hackbrät

golonka – kross gebratenes Eisbein mit Sauerkraut und Kartoffeln

indyk – gebratene Putenbrust oder Truthahnfilet

kaczka z jabłkami – kross gebratene Entenbrust mit Apfel und Preiselbeeren

kapuśniak – würzige Sauerkrautsuppe mit Kartoffeln, Zwiebeln und Speck

karp po żydowsku – Karpfen mit Rosinen, Äpfeln und Möhren in Aspik

kompot – Saft aus gekochten Früchten, am besten eiskalt

kulebiak – würzige Pastete mit Kohl und Pilzen

łosoś wędzony – Räucherlachs, oft mit leicht süßer Sahne

makowiec – Mohnkuchen

mazurek – Mürbekuchen, gefüllt mit Datteln, Sultaninen und Nüssen

miód pitny – heißer Trinkhonig

myśliwska – Hartwurst aus Schweine- und Wildfleisch, meist mit Knoblauch

naleśniki – Crêpes, oft mit Rosinen-Quark-Füllung oder auch bitterer Orangenmarmelade

nóżki w galarecie – Hühnerbeinchen in Aspik, manchmal ist das „Beinchen" auch vom Schwein

placki ziemniaczane – Kartoffelpuffer, oft *po węgiersku:* mit Rindergulasch und saurer Sahne

pstrąg – gebratene Forelle, meist mit Bratkartoffeln und Gurkensalat (Foto)

rosół – Rinder- oder Hühnerbouillon, oft mit fleisch- oder pilzgefüllten Pastetchen

sarna – Rehbraten, meist mit Kartoffeln oder Graupen *(kasza)*

wódka krupnik – Honig-Wodka

wódka wyborowa – der „Ausgewählte", klarer Wodka

zając – Hasenbraten

zrazy zawijane – pilzgefüllte Rouladen mit saurer Sahne und *kasza* (Graupen)

Masurischer Eintopf

Fleisch- und Wurststückchen: *bigos* ist das Nationalgericht der Polen. Richtig gut ist er erst nach dem fünften Aufkochen. Lorbeerblätter, Koriander, Wildbret, Pfifferlinge und viel Rotwein geben *bigos* einen unvergleichlichen Geschmack.

Fisch wird in Masuren an jeder Straßenecke verkauft, meist direkt *z rusztu* (vom Rost), aber auch raffiniert zubereitet in den besseren Restaurants. Zu den beliebtesten Fischen in den masurischen Seen gehören Forellen, Maränen, Hechte, Barsche, Zander, Schleie und natürlich Aale. *Smażalnie ryb* (Fischbrätereien) liegen meist direkt an einem Fischteich und bieten ein oder zwei Fischarten an, die man gegen eine geringe Gebühr auch selbst angeln und zubereiten darf. Wer gerade Appetit auf einen anderen Fisch hat, muss weiterfahren zur nächsten *smażalnia* oder in ein gutes Restaurant gehen. Dort kann man beispielsweise „Fisch im Friesenpelz" *(ryba w sztormiaku)* kosten, der in einem Pergamentmantel gebacken wird und so sein Aroma intensiv entfalten kann. Köstlich sind auch Hechtbällchen in Meerrettichsoße mit Dill und – etwas ungewohnt im Geschmack – süßsaurer Karpfen mit Mandeln und Rosinen.

Ausgezeichnet sind auch *pierogi* (Piroggen), Teigtäschchen, gefüllt mit einer würzigen Kartoffel-Quark-Mischung, mit Pilzen, Spinat oder Fleisch. Meist werden sie mit einem Löffel zerlassener Butter übergossen oder mit gebratenen Zwiebel- oder Speckwürfeln bestreut.

Zum Dessert gibt es oft Mohn- oder Buchweizenpudding, heißen Apfelstrudel mit Vanilleeis, Waffeln in allen Variationen oder Käsekuchen. Und danach natürlich – zur besseren Verdauung – ein Gläschen eiskalten Wodka. Die Auswahl ist meist verwirrend groß, darunter finden sich auch solch ungewöhnliche Sorten wie der *Wiśniówka* (süßer Kirschwodka) oder *Pieprzówka* (scharfer Pfefferwodka).

Kohlrouladen auf Masurisch: *gołąbki*

Zum Essen selbst trinken Polen meist Wasser oder *kompot,* Saft, in dem eine Erdbeere oder eine Kirsche schwimmt. Auch Bier *(piwo)* wird immer populärer, beliebt sind die heimischen Sorten *Żywiec* und *Okocim.* Wein wird, wenn überhaupt, abends getrunken. Er ist durch den hohen Zoll wesentlich teurer als im Westen. Gut und erschwinglich sind hingegen die meisten bulgarischen Weine. Das Lieblingsgetränk der Polen ist aber der Tee *(herbata),* der meist mit viel Zucker und Zitrone getrunken wird.

BERNSTEIN, SILBER, HOLZFIGUREN

Masurisches Kunsthandwerk schließt nicht nur das „Gold des Nordens" ein

➤ Eigens zum Shoppen ist wohl noch niemand nach Masuren gereist, für den Einkaufsbummel zur Abwechslung zwischen all den Seen und Wäldern bieten die Städtchen der Naturregion auch nur Bescheidenes. Doch immerhin: Gut sortierte, westlich-moderne Supermärkte, in denen man sich mit allem eindecken kann, was man im Urlaub so braucht, gibt's in den größeren Orten wie Giżycko, Mrągowo und Ełk, kleine Läden *(skleb)* fast allerorten.

BAUERNMÄRKTE

Ein Erlebnis besonderer Art sind die Wochenmärkte, auf denen Bauern, Imker, Kleingärtner, Bäcker und Fleischer der Region ihre Produkte und auch viele Beeren- und Pilzesammler ihre Ausbeute feilbieten. Ob Gemüse, Gartenobst, würzige Salzgurken, Honig, herzhaften Käse, Quark, Waldbeeren oder – im Herbst – körbeweise Pilze: Hier ist alles frisch und „bio", auch ohne dass es eigens draufsteht. Schöne Bauernmärkte gibt es in Mrągowo und Giżycko, am größten ist das Angebot freitags.

BERNSTEIN

Bei der Frage nach typischen Souvenirs aus Masuren wird vielleicht nicht gleich jeder an Bernstein (polnisch: *bursztyn*) denken, doch das „Gold der Ostsee" ist auch im Land der 1000 Seen als Mitbringsel beliebt. Das liegt zum einen daran, dass das frühere Ostpreußen als die Heimat des Bernsteins schlechthin gilt. Zum anderen verlief einst durch Masuren die berühmte Bernsteinstraße,und auch heute noch kann man hier vielerorts den goldgelben Traditionsschmuck erwerben. In meist kleinen und exklusiven Galerien finden Sie moderne Bernstein- und Silbercolliers, darunter oft sehr ausgefallene und auch witzige Formen. Aus Bernstein werden auch Schatullen gefertigt, Zigarettenspitzen und Brieföffner. Sehr edel, aber auch sehr teuer sind Bilderrahmen aus dunklen und hellen Bernsteinmosaiken.

> EINKAUFEN

BILDER(BÜCHER)

Es gibt eine reiche Auswahl an wunderschönen Bildbänden – über die Naturschönheiten der Region und die alten Schlösser und Gutshäuser im südlichen Ostpreußen (von denen die meisten inzwischen allerdings Ruinen sind). Oder zum Beispiel über den berühmten Oberlandkanal, wo die Schiffe immer mal wieder auf Schienen über einen Hügel fahren müssen. Die meisten dieser Bücher liegen in mehreren Sprachen vor. Seit Kurzem werden auch Poster von der wunderschönen Seenlandschaft, den Weiß- und Schwarzstörchen auf ihren Nestern und den Kormoranen, wie sie eine ihrer Brutinseln auf den Masurischen Seen anfliegen, angeboten.

HOLZ, KERAMIK, TEXTILES

Auf Wochen- und Jahrmärkten, insbesondere aber in den zahlreichen Heimatmuseen können Sie skurrile Holzfiguren erwerben, die einst von Bauern an langen Winterabenden am Küchentisch geschnitzt wurden.
Mancherorts, zum Beispiel auf dem kleinen Dorfmarkt in Krutyń oder im Masuren-Privatmuseum in Sądry, wird die berühmte Bunzlauer Keramik angeboten – ein beliebtes Mitbringsel aus Masuren, obwohl das Geschirr mit dem blau-weißen Dekor eigentlich aus Niederschlesien stammt. Doch auch in Masuren leben Keramiker, die ihre Waren auf den Märkten anbieten. Ebenso gibt es dort wunderschön bestickte oder geklöppelte Tischdecken. Berühmt ist Masuren ebenfalls für seine originellen Strickpullover sowie für aufwendig bestickte Blusen, Kopf- und Umhängetücher.

SOUVENIRLÄDEN

Die eigentlich überall in Polen anzutreffenden *Cepelia-* und *Desa-Läden,* die Möbel und Kunsthandwerk aus allen Landesteilen anbieten, finden Sie in Masuren nur in den Touristenzentren Mikołajki, Giżycko und Węgorzewo.

> BURGEN, GÜTER UND GESCHICHTE

Gerade im Westen der Masurischen Seen sind Zeugen der Vergangenheit stets gegenwärtig

> Der Westteil Masurens wird von vielen Besuchern nur gestreift. Dabei lohnen sich Ausflüge von den Ferienorten an der Seenplatte, gibt es doch viel Interessantes und Geschichtliches zu entdecken. Das reicht von den Burgen des Deutschen Ordens, die über ganz Nordpolen verteilt sind, über die teils verfallenen, teils restaurierten Schlösser und Güter preußischer Adelsfamilien bis hin zu Backstein- und Fachwerkhäusern in Städten und Dörfern.

Bild: Reszel, Kirche St. Peter und Paul

BARTOSZYCE (BARTENSTEIN)

[110 A2] **Bartoszyce ist das „Tor zu Masuren". Die Kleinstadt (28000 Ew.) am Ufer der Łyna (Alle) ist nur 16 km von der Grenze zwischen Polen und der russischen Exklave Kaliningrad (Königsberg) entfernt.** Hier in der Grenzregion geht es

DER WESTEN

eher ruhig zu, auch vom touristischen Trubel der masurischen Urlauberzentren ist hier nichts zu spüren – was mancher Gast durchaus als Erholung empfindet.

SEHENSWERTES

KIRCHE DES HL. EVANGELISTEN JOHANNES UND DER GOTTESMUTTER VON CZĘSTOCHOWA

Sie erreichen das älteste erhaltene Sakralbauwerk der Stadt, wenn Sie sich vom Marktplatz aus links halten und in die *ul. Ofiar Oświęcimia* (Straße der Auschwitz-Opfer) einbiegen. Die wahrscheinlich in der zweiten Hälfte des 14. Jhs. erbaute, 1678 umgestaltete und nach 1945 komplett restaurierte Kirche hat die Form einer dreiteiligen Basilika mit Presbyterium, eingefasst von Strebepfeilern. Sehenswert sind vor allem das spätgotische Kruzifix im Mittelschiff und der dreiteilige Hauptaltar.

BARTOSZYCE (BARTENSTEIN)

LIDZBARKER TOR/MARKTPLATZ
Durch das einzige erhaltene Tor der Stadtmauer, das mit seinen von weitem sichtbaren Verteidigungszinnen an der Kreuzung der Umgehungsstraßen ul. Piłsudskiego und ul. Ogrodowa aufragt, gelangen Sie auf den *Marktplatz* von Bartoszyce, den *plac Konstytucji 3 Maja*. Am *Lidzbarker Tor* und der *ul. Wybrzeże* am Ende der Altstadt sind noch Fragmente der Wehrmauern vorhanden, die die Stadt im 14. Jh. umgaben. Der mittelalterliche Charakter der Altstadt ist um den Marktplatz herum ausgezeichnet erhalten, alle Straßen mit ihren Häuserblocks sind schachbrettartig angelegt.

Das Lidzbarker Tor: letztes Zeugnis der vom Deutschen Orden errichteten Stadtmauer

SPEICHER
Vom einstigen Wohlstand der Bartensteiner Kaufleute zeugen zwei *Speichergebäude* aus dem 18. und 19. Jh. in der *ul. Bema* und der *ul. Strzeleckiego*. Heute wird hier allerdings kein Getreide mehr gelagert: Beide Speicher, von denen der in der ul. Bema der sehenswertere ist, sind zu Restaurants umgebaut worden.

ESSEN & TRINKEN

ARDI
Pizza, Pasta & Salate: italienische Küche, dazu herzhafte polnische Alltagsgerichte und amerikanisch Angehauchtes wie das New-York-Steak vom Grill. *ul. Ketrzyńska 23 | Tel. 089/762 93 35* | €

RESTAURACJA SPICHLERZ Insider Tip
Polnische Küche in einem der beiden ehemaligen Speicher. Spezialität des Hauses: gefülltes Geflügel. *ul. Strzeleckiego 2 | Tel. 089/762 66 57* | €€

ÜBERNACHTEN

HOTEL ASTRA
In der Nähe des Marktplatzes: kleines, einfaches Hotel mit gemütlicher Atmosphäre. Nicht alle Zimmer haben ein eigenes Bad. Zum Hotel gehören Bar und Restaurant. *10 Zi. | ul. Kowali 2 | Tel. 089/762 38 75 | www.hotel-astra.com* | €

HOTEL BARTIS
Exklusivstes Hotel von Bartoszyce in einem eleganten Altbau am Markt. Zum Hotel gehören: Restaurant, Café, Sauna, Whirlpool. *29 Zi. | pl. Konstytucji 3 Maja 5 | Tel. 089/762 17-50 u. -60 | Fax 762 12 15 | www.bartis.torkarsson.pl* | €€€

FREIZEIT & SPORT

KAJAK- UND BOOTSVERLEIH

An der Łyna in der *ul. Jagiellończyka* | *Tel. 089/762 68 14.*

AUSKUNFT

BIURO TURYSTYCZNE IKAR

pl. Konstytucji 3 Maja 29 | *Tel. 089/ 762 27 11* | *www.bartoszyce.pl*

ZIELE IN DER UMGEBUNG

GALINY (GALLINGEN) [110 A3]

Ein Juwel unter den Herrensitzen Ostpreußens, 11 km südlich von Bartoszyce. Mit größter Akribie baut das Warschauer Ehepaar Palyska das heruntergekommene Barockschloss der Grafen zu Eulenburg aus dem 16. Jh. wieder auf. Das Ensemble aus Schloss, einem wunderschönen Park und restaurierten Pferdeställen lässt die harmonisch gewachsene Pracht alter ostpreußischer Landgüter nacherleben. Ein Restaurant und 23 Gästezimmer mit allem Komfort wurden eingerichtet. Die Wirtschaftsgebäude sind nun Ställe eines Gestüts. *Pensjonat Galiny* | *Tel. 089/761 21 67* | *www.palac-galiny.pl* | €€€

ŁABĘDNIK (GR. SCHWANSFELD) [110 B3]

12 km südöstlich von Bartoszyce lohnt auf der Strecke nach Kętrzyn ein Stopp im Dorf Łabędnik. Außer der gotischen Kirche vom Ende des 14. Jhs. mit ihren wundervoll restaurierten Buntglasfenstern ist der Barockpalast der Familie von der Gröben sehenswert.

RESZEL (RÖSSEL)

[110 C4] **Das verträumte Städtchen (6500 Ew.) hat mit seinen engen, kleinen Straßen seinen ursprünglichen Charakter beibehalten.** Die meisten seiner mittelalterlichen Holzhäuser fielen dem großen Brand von 1807 zum Opfer. Ihn hatte angeblich eine Magd gelegt, die danach hingerichtet wurde – die letzte Verurteilung einer „Hexe“ in Europa. Auch wenn die Holzhäuser durch gemauerte Bauten ersetzt wurden, ist ihre schachbrettförmige Anordnung erhalten. In der winzigen Altstadt, mittlerweile für die Aufnahme ins Unesco-Weltkulturerbe nominiert, sind das *Rathaus* aus dem 14. Jh., die kürzlich restaurierte *Gotische Brücke (Most Gotycki)*, die spätbarocke *Heiligkreuzkirche* der griechisch-orthodoxen Gemeinde und die gotische *Pfarrkirche St. Peter und Paul* sehenswert. *www.reszel.pl*

MARCO POLO HIGHLIGHTS

★ **Burg der ermländischen Bischöfe**
Mit Kunstgalerie, Café und schöner Aussicht (Seite 34)

★ **Wallfahrtskirche Mariä Verkündigung**
Eine Perle des Barock in Heilige Linde (Seite 36)

★ **Hotel im Park**
Schöner und stilvoller kann man in Masuren kaum übernachten (Seite 36)

★ **Wanderung**
Ein malerischer Weg entlang des Lampacki-Sees beginnt in Sorkwity (Seite 36)

RESZEL (RÖSSEL)

SEHENSWERTES

BURG DER ERMLÄNDISCHEN BISCHÖFE ★

Größte Attraktion von Reszel ist die einstige Bischofsburg. Der massive Backsteinbau mit seinen Rundtürmen stammt aus dem 14. Jh. Anfangs diente er dem Bischof als Residenz, dann dem Grafen als Heim, und im 17. Jh. wurde die Burg – wohl nicht zuletzt wegen ihrer massiven Bauweise – als Gefängnis genutzt. Heute kommen die Insassen freiwillig, die Burg ist Hotel. In den Zimmern, großzügig und zum Teil gerade frisch renoviert, wohnen gern Künstler. Und in einer ▶▶ Galerie *(Di–So 10–16 Uhr)* sind regelmäßige Ausstellungen zeitgenössischer Kunst zu sehen. Auch Joseph Beuys und Günter Grass stellten hier schon aus. Vom Turm aus lässt sich ein schöner Blick auf das Städtchen genießen, wo heute die ul. Podzamcze verläuft. Sollte der Turm geschlossen sein, ist der Schlüssel zum Aussichtspunkt im Burgcafé erhältlich.

Reszel: Abweisend wirkt das massive Backsteinschloss der ermländischen Bischöfe

ESSEN & TRINKEN

BAR POD KASZTANEM

Kleines Lokal am Fluss unterhalb der Gotischen Brücke im Schatten der Kastanienbäume, denen sie ihren Namen verdankt. *ul. Płowce 1 | Tel. 089/755 01 51* | €

KAWIARNIA KAFEJKA

Café mit winziger, aber gemütlicher Terrasse zwischen Burg und Kirche an der *ul. Wyspiańskiego* gelegen. *Tel. 089/755 17 53* | €

RESTAURACJA U RENATY

Altstadt-Restaurant mit polnischer Küche. *ul. Wyspiańskiego 7 | Tel. 089/755 21 60* | €€

ÜBERNACHTEN

ZAMEK RESZEL KREATIV HOTEL

Romantisches Burghotel; im Restaurant werden unterm Gewölbe altpolnische Spezialitäten aufgetischt. Alle 21 Zimmer mit Telefon, TV, Internet. *ul. Podzamcze 3 | Tel. 089/755 01 09 | Fax 755 15 97 | www.zamek-reszel.com* | €€

ZIELE IN DER UMGEBUNG

ŁĘŻANY (LOSSAINEN) [110 C5]

Im 10 km südlich von Reszel gelegenen Dorf am Jezioro Legińskie, dem Leginski-See, steht ein neobarockes *Schloss* vom Beginn des 20. Jhs., das – inklusive der Wirtschaftsgebäude sorgfältig restauriert – heute zeitweise als Tagungsstätte dient. Der gepflegte Landschaftspark lädt zum Spazierengehen ein. *Das Schloss steht derzeit nicht zur Besichtigung offen*

SORKWITY (SORQUITTEN)

[110 C6] **Bekanntestes Wahrzeichen des Dörfchens, 11 km westlich von Mrągowo, ist das Tudorschloss am Ufer des Lampackie-Sees.** Der zinnengesäumte Backsteinbau mit seinem markanten achteckigen Turm sieht älter aus, als er ist: Erbaut wurde Schloss Sorquitten erst 1850 bis 1856 im damals modernen Stil der englischen (Tudor-)Gotik. Die einstige Residenz der Familie von Mirbach hat ein bewegtes Schicksal hinter sich. Nach der Zerstörung im Ersten Weltkrieg gerade wieder aufgebaut, wurde das Schloss nach 1945 erneut geplündert und brannte beinahe nieder. Später diente es als Ferienheim der Traktorenfabrik Ursus. Ende der 90er-Jahre wurde es privatisiert und in ein Hotel umgebaut, das inzwischen bereits wieder geschlossen ist. Was nun aus dem Traumschloss werden soll, ist unklar – ein Prinz ist nicht in Sicht …

Sorkwity (750 Ew.) selbst hat wenig zu bieten, nicht versäumen sollten Sie aber den Besuch der kleinen Dorfkirche. Sie birgt eine Perle des bäuerlichen Barock: einen kostbaren Schnitzaltar aus dem frühen 17. Jh., ein Werk des berühmten Königsberger Holzschnitzers Isaak Riga. In den biblischen Szenen sind Figuren in masurischen Trachten und sogar Schloss Sorquitten verewigt. Insider Tipp

Sorkwity ist auch Ausgangspunkt für die wohl beliebteste Wasserwandertour in Masuren: Am Lampackie-See beginnt die Paddelstrecke auf der Krutynia (Krutinna), die bis zu den großen Masurischen Seen führt. Südlich des Ortes erstreckt sich ein *Naturreservat,* in dem Sie unter anderem Wasservögel und die im Gegensatz zu ihren weißen Verwandten viel selteneren Schwarzstörche beobachten können. Insider Tipp

>LOW BUDGET

- Im Schatten der Wallfahrtskirche von *Święta Lipka* (Heilige Linde) kann man sehr günstig übernachten – auf dem Klostergelände gibt es 80 Übernachtungsplätze in Zwei- bis Fünfbettzimmern, ohne viel Komfort, doch dafür dem Himmel ein Stück näher. Oft sind die Unterkünfte von Pilgern belegt, doch das Nachfragen lohnt. *Dom Pielgrzyma | Tel. 089/755 14 81 | Fax 755 14 60*
- Andenken und masurisches Kunsthandwerk sind in den Urlauberorten meist ziemlich überteuert, günstiger und origineller ist das Angebot abseits der touristischen Zentren, z. B. in den Souvenirläden vor der *Burg Reszel (ul. Podzamcze)*. Auch auf der Burg selbst bieten im Sommer regionale Künstler ihre Werke zum Kauf an, mitunter erstaunlich günstig.

ESSEN & TRINKEN

Insider Tipp

OBERZA MAZURSKA

In diesem neuen, zum Parkhotel gehörenden Restaurant serviert man landestypische und altpolnische Spezialitäten vom Feinsten. Stilvolles Ambiente, ein Genuss auch der Blick von der überdachten Terrasse ins Land am Lampackie-See. *Tel. 089/742 81 87* | €€€

ÜBERNACHTEN

HOTEL IM PARK

Der von Alicja und Albrecht von Klitzing meisterhaft restaurierte einstige Landsitz „Heinrichshöfen" zählt zum Feinsten, was Masuren an Urlaubsdomizilen zu bieten hat. Romantisch inmitten eines 5 ha großen Landschaftsparks am Lampackie-See gelegen, bietet die Hotelanlage dabei ganz verschiedene Wohnmöglichkeiten: eine elegante Suite im Gutshaus, rustikale Doppelzimmer im Landhausstil im ehemaligen Pferdestall, Ferienwohnungen im alten Gesindehaus und Dependancen am See, mit Badebucht und Grillplatz. *17 Zi.* | *Jedrychowo 15* | *Tel./Fax 089/742 80 89* | *www.masuren-hotel.de* | €€–€€€

STANICA WODNA PTTK

68 Übernachtungsplätze in einfachen Ferienhäuschen, Zeltplatz- und Kajak-Vermietung. *ul. Zamkowa 13* | *Tel. 089/742 81 24* | €

FREIZEIT & SPORT

WANDERUNG

Eine etwa zweieinhalb Stunden lange Wanderung führt vom Bahnhof von Sorkwity zum Pilakno-See – folgen Sie der blauen Wegmarkierung. Einen besonders schönen Blick auf den Lampackie-See haben Sie hinter dem Dorf Maradki von der Erhebung des *Wiatraczna Góra* aus. Ein Stück des Weges besteht aus einer baumgesäumten, im Sommer leider oft ziemlich stark befahrenen Chaussee, ehe Sie dann zum *Jezioro Piłakno* mit seiner Insel kommen, der mit 56,5 m zu den tiefsten Seen der Region zählt.

ŚWIĘTA LIPKA (HEILIGE LINDE)

[110 C4] **Das kleine Dorf Święta Lipka an der Grenze zwischen Ermland und Masuren ist berühmt für seine *Wallfahrtskirche Mariä Verkündigung*, die als Perle des Barocks in Nordpolen gilt.** Das ockergelbe Bauwerk mit seinen schlanken Doppeltürmen erhebt sich zwischen den Kreuzgängen des benachbarten Klosters. Das Innere der beinahe mediterran anmutenden Kirche aus dem späten 17. und frühen 18. Jh. ist voller farbenprächtiger Fresken, die die Wunder darstellen, die sich am Wallfahrtsort ereignet haben sollen. Der Ort galt bereits zu heidnischen Zeiten als heilig.

Insider Tipp

Während die Kirche auch heute noch Ziel von Wallfahrern ist, zieht es die meisten Touristen zu den Orgelkonzerten. Wochentags erklingt das mächtige Instrument mit seinen 4000 Orgelpfeifen und 40 Registern stündlich zwischen 9.30 und 17.30 Uhr. Auch an Sonn- und Feiertagen finden vier Orgelkonzerte statt. Am eindrucksvollsten ist es, wenn der Organist zusätzlich zur Musik den komplizierten Mechanismus in Gang

Jesuiten

setzt, der die hölzernen Verzierungen der Orgel bewegt. Dann drehen sich die Sterne, greifen barocke Engel zu Posaune und Mandoline, verneigt sich der Erzengel Gabriel tief vor Maria.

HOTEL 500

Neues, modernes Hotel im Stil eines masurischen Bauhernhofs, das Fachwerk ist allerdings nur Blendwerk. Freundliches Personal, geräumige Zimmer, von den meisten wie auch

Berühmtes Ziel von Pilgern und Orgelmusikfans: die Wallfahrtskirche in Święta Lipka

vom Biergarten des Hauses hat man einen schönen Blick auf die Basilika. Alle Zimmer mit TV, Telefon; bewachter Parkplatz. Restaurant mit traditioneller regionaler Küche. *30 Zi. | Święta Lipka 16 | Tel. 089/ 755 37 37 | www.hotel500.com.pl* | €€

ESSEN & TRINKEN

BŁĘKITNY ANIÓŁ

Der „Blaue Engel", der direkt gegenüber der Kirche liegt, ist das beliebteste Restaurant im Ort. *Tel. 089/ 755 14 18* | €€

ÜBERNACHTEN

AGROTURYSTYKA

Urlaub auf dem Bauernhof: Der Landwirt Waldemar Kaczorowski vermietet das ganze Jahr über Zimmer an Touristen. *Święta Lipka 20 | Tel. 089/755 08 70* | €

OŚRODEK DEJNOWO

Hier können Sie in campingplatzähnlicher Umgebung in einigen Holzhäuschen übernachten. Hübsch am See im Wald gelegen. *Tel. 089/ 755 14 68* | €

> WIE AUS DEM BILDERBUCH

Zwischen dem Spirdingsee, dem „masurischen Meer", und der Johannisburger Heide scheint die Zeit still zu stehen

> Zwischen Mrągowo und Mikołajki, Szczytno, Ruciane-Nida und Pisz finden Sie jenes Bilderbuch-Masuren, das in den Erzählungen von Siegfried Lenz und den Naturschilderungen Ernst Wiecherts beschrieben ist.

Ein Land unter hohem Himmel mit kristallklaren Seen, plätschernden Bächen, verwunschenen, dunklen Wäldern und in die Hügel und Wiesen geduckten Dörfern, in denen die Zeit still zu stehen scheint.

Bild: Krutyńskie-See

KRUTYŃ (KRUTINNEN)

[115 D3] **Krutyń liegt inmitten von Feldern am Ufer der Krutynia, des wohl schönsten masurischen Flusses, in der Johannisburger Heide.** Der Luftkurort mit seinen vielen Holzhäuschen leidet im Sommer freilich auch ein wenig unter seiner touristischen Beliebtheit, wenn die Reisegruppen busweise anrollen.

DER SÜDEN

SEHENSWERTES

MUZEUM PRZYRODNICZE

Das kleine Naturkundemuseum befindet sich im Gebäude des Landschaftsparks Masuren am Busbahnhof. *Mai–Sept. Mo–Fr 8–15 Uhr*

ESSEN & TRINKEN

KARCZMA ZACISZE

Rustikale Taverne am Fluss, Krutyńs bestes Gasthaus. Viele Paddler legen hier an, um sich zu stärken – es gibt Fisch- und Fleischgerichte, Pasta, Pizza. Das Zacisze hat auch eine Filiale in Ukta, an der Brücke über die Krutinna. *Krutyń 33 | Tel. 089/742 21 50* | € Insider Tipp

EINKAUFEN

Im Sommer findet auf dem Marktplatz ein ★ *Bauernmarkt (Mo–Fr)* statt, auf dem Sie Pilze und Bernstein, aber auch Kunsthandwerk, Stickereien, Bunzlauer Keramik, Wollsachen und anderes Folkloristisches kaufen können. Manches ist Kitsch, manches sehr geschmackvoll.

ÜBERNACHTEN

HABENDA

Gemütliche Pension mit 32 Zimmern in zwei Häusern, Restaurant, Grillplatz und Kajakverleih. Sehr beliebt. *Krutyn 42 | Tel. 089/742 12 18 | www.habenda.com* | €€

PENSJONAT MAZUR SYRENKA

Die Pension hat 58 Einzel- und Doppelzimmer sowie ein großes Ferienhaus für bis zu zehn Personen. Zu dem Gelände gehört auch ein Zeltplatz. Fahrrad- und Kajakverleih. *Krutyń 36 | Tel. 089/742 18 36 | www.mazursyrenka.pl* | €

FREIZEIT & SPORT

JEZIORO MOKRE (MUCKER-SEE) [113 D3]

Außer dem Fluss Krutynia und dem 55 ha großen Krutyńskie-See liegt etwa 8 km westlich von Krutyń der Mokre-See. Vom Ortszentrum führt ein mit gelber Markierung ausgezeichneter Wander- und Radweg durch Torfmoor und Wald zu diesem See. Besonders romantisch ist die Strecke am späten Nachmittag und in den Abendstunden, wenn die Sonne über dem See untergeht.

KRUTYNIA (KRUTINNA) ★

Wenn Ihnen die große Kanutour auf der Krutynia zu viel ist, sollten Sie sich von Krutyń aus wenigstens für ein paar Stunden einen Kajak leihen. Denn hier, im kristallklaren, gerade

Krutynia: Wer nicht selbst zum Paddel greifen will oder kann, der lässt sich staken

mal 1 m tiefen Wasser verläuft der schönste Teil dieser berühmtesten Kajakwanderstrecke Polens. Ein empfehlenswerter Kanu-Anbieter ist *AS Tour (Krutyń 4 | Tel. 089/742 14 30 | www.as-tour.de)*. Das freundliche Team vermietet Boote und Ausrüstung, hat gute Reviertipps und kümmert sich um den Rücktransport. Im Angebot sind auch geführte Ein- und Mehrtagestouren. Sollten Sie nicht selbst zum Paddel greifen wollen, können Sie sich in Booten ein paar Stunden lang den Fluss entlang staken lassen: *Perkun | Eckart Rudnik (spricht deutsch) | Krutyń 4 | Tel. 089/742 15 56 | www.masuren-perkun.de*

ZIELE IN DER UMGEBUNG

GAŁKOWO (NIKOLAIHORST) [115 E3]

Eines der schönsten im ursprünglichen Stil erhaltenen masurischen Dörfer. Früher lebten hier russischstämmige Altgläubige (Philipponen), deren Friedhof auf einem Hügel inmitten von Feldern gepflegt wird.

Insider Tipp

Eine Besonderheit des Dorfes ist das *Dwór Łowczego*, der Alte Jagdhof: In dem von Alexander Potocki (spricht deutsch) aus Steinort, dem früheren Sitz der Grafen Lehndorff, Stein für Stein hierher versetzten und originalgetreu wieder aufgebauten historischen Gasthaus wurde ein rustikales, gemütliches Restaurant eingerichtet. Nebenan, in einem ebenfalls rekonstruierten altmasurischen Forstgehöft, kann man stilvoll übernachten *(11 Zi. | Gałkowo 46 | Tel. 087/425 70 73 | www.galkowo.pl | €€)*. Zum Alten Jagdhof gehört das benachbarte *Gestüt Ferenstein* mit der urigen Reiterkneipe *U Targowiczan (Tel. 087/425 70 68 | €€)*.

KADZIDŁOWO (EINSIEDELN) [115 E3]

Am Rand des Wildtierparks (s. S. 96) lädt eines der originellsten Lokale Masurens zur Einkehr ein: die *Oberża pod psem*, die „Herberge unter dem Hund". Danuta und Krzysztof Worobiec servieren in dem urigen historischen Holzhaus mitten im Wald nicht nur herzhafte traditionelle Kost, sondern bieten in ihrem *Heimatmuseum* auch Einblicke in die längst versunkene Welt des waldbäuerlichen Lebens in der Johannisburger Heide. Alle vier Häuser des Anwesens – das älteste ist über 200

Insider Tipp

MARCO POLO HIGHLIGHTS

★ **Krutynia (Kruttinna)**
Mit Kajak oder Kanu auf einem wunderschönen Flüsschen paddeln (Seite 40)

★ **Wojnowo (Eckertsdorf)**
Russisches Ambiente im Kloster der Philipponen (Seite 54)

★ **Jezioro Nidzkie (Niedersee)**
Der reizvollste der schönen Seen (Seite 53)

★ **Bauernmarkt**
Auf diesem Markt in Krutyń können Sie reizvolle Mitbringsel erstehen (Seite 39)

★ **Jezioro Śniardwy (Spirdingsee)**
Für Wassersportler ist das „Meer Masurens" ein ideales Revier (Seite 45)

★ **Mikołajki (Nikolaiken)**
In dem malerischen Ferienort ist immer was los (Seite 42)

Jahre alt und gibt es so nur noch ein einziges Mal – waren verfallene Ruinen in Dörfern der Umgebung; sie wurden mühsam geborgen, Balken für Balken, Stein für Stein in Kadzidłowo originalgetreu wiederaufgebaut und detailversessen mit altem, zum Teil skurril wirkenden Hausrat eingerichtet. Einige der Zimmer kann man sogar mieten. *Kadzidłowo erreicht man über die Straße Ukta–Mikołajki, bei Nowe Ukta zweigt links ein ausgeschilderter Waldweg ab | Kadzidłowo 1 | Tel. 087/425 74 74 | www.oberzapod psem.com* | €

MIKOŁAJKI (NIKOLAIKEN)

[115 E2] ★ Als „masurisches Venedig" wird Mikołajki zwischen dem Talty-See und dem Jezioro Mikołajskie, dem Nikolaiker See, gerne bezeichnet: Gewässer prägen in der Tat den Charakter des Ortes. In Mikołajki schlägt das touristische Herz Masurens, und das nicht eben leise – vor allem in der Hochsaison, im Juli und August. Dann sind die rund 4500 Ew. leicht einmal in der Minderheit – an sonnigen Sommerwochenenden versinkt das Städtchen unter dem Ansturm der Kurzurlauber. Das Städtchen ist auch eines der großen Wassersportzentren der Seenplatte – kein Wunder bei der Lage.

Über den Nikolaiker See besteht eine Verbindung zum 114 km^2 großen Jezioro Śniardwy (Spirdingsee). Hier finden Segler im Sommer ein tolles Revier; im Winter sind die Eissegler an der Reihe – und wer es nicht so sportlich mag, der lässt sich im Pferdeschlitten kutschieren.

SEHENSWERTES

Das Stadtzentrum lässt sich gut zu Fuß erkunden. Auf dem Marktplatz, dem *plac Wolności,* ist das Wahrzeichen der Stadt, der Król Sielaw, der „König Stint" also, in Form eines Fontänenbrunnens unübersehbar. Zu den Sehenswürdigkeiten von Mikołajki gehört die *evangelische Kirche,* 1842 im Stil des Klassizismus erbaut, mit auffallendem Uhrturm. Vom Marktplatz aus beginnt die *Kajki-Straße,* die parallel zum Nikolaiker See verläuft. Hier können Sie an niedrigen Häuschen mit bunten Bauerngärten vorbeischlendern. In der Nebenstraße *ul. Dybowska* finden Sie den 2006 restaurierten *jüdischen Friedhof* aus dem späten 19. Jh.

Das Leben spielt sich im Sommer vor allem auf der Uferpromenade zwischen Yachthafen und Fußgängerbrücke ab. Über Mikołajkis Flaniermeile mit Restaurants, Bars, rustikalen Tavernen, Souvenirläden und dem Seeblick auf viele, viele Boote liegt dann ein fast maritimes Flair.

MUZEUM REFORMACJI POLSKIEJ

Das kleine *Museum zur Geschichte der Reformation in Polen* ist untergebracht im evangelischen Gemeindehaus neben der Trinitatiskirche. Gegründet wurde es vom pensionierten Pastor von Mikołajki, einem der letzten echten Masuren des Ortes. *pl. Koscielny 4 | tgl. 9–19 Uhr*

ESSEN & TRINKEN

Die meisten Restaurants, Cafés und Kneipen drängen sich im Touristenstädtchen Mikołajki rings um den *plac Wolnosci* und längs der Uferpromenade am Seglerhafen.

SIELAWA
Mediterrane Leichtigkeit im „Venedig Masurens“: Pastelltöne prägen das Innere des eleganten Restaurants am Anleger der Weißen Flotte. An einem Sommerabend sitzt man allerdings am schönsten draußen. Die Küche: ein feiner Mix aus polnisch, masurisch, international. *pl. Wolnosci 13 | Tel. 087/421 55 06* | €€€

Mikołajki: touristischer Mittelpunkt Masurens, umgeben von Wasser und Wald

SPIZARNIA
Originell eingerichtet wie eine Speisekammer aus Omas Zeiten. Gute polnische Küche. *pl. Handlowy 14 | Tel. 087/421 52 18* | €

ÜBERNACHTEN

AMAX
Eines der besten Hotels in Masuren. Das malerisch am Seeufer gegenüber dem Seglerhafen gelegene Haus bietet luxuriöse Zimmer und zweistöckige Villenapartments, eine Schönheitsfarm, ein sehr gutes Restaurant und einen Garten. *22 Zi. | al. Spacerowa 7 | Tel. 087/421 90 00 | Fax 421 90 14 | www.hotel-amax.pl* | €€€

CALIGULA
Freundlich geführtes Mittelklassehotel in ruhiger, aber zentraler Lage. Zum Haus gehört ein Stellplatz für Wohnmobile. Im Winter ist das Caligula Zentrum der Eissegler-Szene. *16 Zi. | pl. Handlowy 7 | Tel. 087/421 98 45 | www.caligula.pl* | €€

MAZUR
Zentraler gehts nicht: Das komfortable Hotel residiert im ehemaligen Rathaus. Schöne Zimmer, die zum Platz hin sind allerdings etwas laut.

30 Zi. | pl. Wolnosci 6 | Tel. 087/ 421 69 41 | Fax 421 69 43 | www. hotelmazur.com.pl | €€

Insider Tipp **MIKOŁAJKI**

Die kleine Pension am See, nicht weit vom Ortszentrum, ist ein Tipp vieler Masuren-Insider. Eigenes Restaurant, die meisten Zimmer haben Seeblick. Boots- und Fahrradverleih. *10 Zi. | ul. Kajki 18 | Tel. 087/ 421 64 37 | Fax 421 68 75 | www. pensjonatmikolaj.pl* | €€

Galindia: Hier wird mit viel Folklore die Kultur der Galinden am Leben erhalten

CAMPING

CAMPING WAGABUNDA

Mikołajkis größter Campingplatz liegt etwas außerhalb nahe der Straße nach Ukta – auf einer 3,7 ha großen Wiese über dem See. Er bietet etwa 260 Stellplätze, auch für Wohnmobile, und 60 unterschiedlich ausgestattete einfache Campinghütten. *Juni–Sept. | ul. Lesna 2 | Tel. 087/421 60 18 | Fax 421 60 22 | www.wagabunda-mikolajki.pl*

FREIZEIT & SPORT

BOOTSAUSFLÜGE

Mikołajki ist eine der Hauptanlegestellen der *Biała Flota,* der Weißen Flotte. Die Ausflugsboote legen am Westufer des Nikolaiker Sees nahe der Fußgängerbrücke ab. Die Törns führen u.a. nach Ruciane-Nida, Giżycko und Węgorzewo. *www.zeglugamazurska.com.pl*

BOOTSVERLEIH

Cicha Zatoka | al. Spacerowa 1 | Tel. 087/421 50 11; Hotel Wałkuski (s.u.); Wioska Żeglarska | ul. Kowalska 3 | Tel. 087/421 60 40

FAHRRADVERLEIH

Hotel Wałkuski | ul. 3 Maja 13 | Tel. 087/421 66 28

REITSTÄLLE

Die *Leśniczówka Mikołajki (Tel. 087/ 421 63 66)* organisiert Kutschfahrten durch die Johannisburger Heide.

AM ABEND

PROHIBICJA

Die Themenkneipe im Stil des Chicago der 30er-Jahre gehört vier bekannten polnischen Schauspielern.

Abends gibt es außer Speisen und „Mafia-Cocktails“ Live-Klaviermusik. *Tgl.* | *pl. Handlowy 13* | *Tel. 087/421 99 19* | *www.prohibicjamikolajki.pl* | €€

TAWERNA POD ZLANYM PAGAJEM ▶▶

In der rustikalen Taverne „Zum zerbrochenen Krug“ am Yachthafen feiern abends die Segler. *ul. Kowalska 3* | *Tel. 087/421 66 28* | €

AUSKUNFT

INFORMACJA TURYSTYCZNA

pl. Wolności 3 | *Tel. 087/421 68 50* | *www.mikolajki.pl*

ZIELE IN DER UMGEBUNG

GALINDIA ▶▶ [115 F2–3]

Ein garantiert uriges Erlebnis ist ein Abstecher nach Galindia, das „masurische Eden“, 9 km südlich von Mikołajki. Malerisch auf einer Halbinsel des Beldahnsees gelegen, im Herzen des *Masurischen Landschaftsparks,* steht im *Hotel Galindia* alles im Zeichen der wilden Vergangenheit der Galinden, jenes pruzzischen Stammes, der in Masuren einst beheimatet war und den Ordensrittern so schwer zu schaffen machte. Im *Galindischen Garten* stoßen Sie überall auf urige Holzskulpturen, grimmige Gesichter, die in knorrige Baumstämme geschnitzt sind und seit Jahrhunderten auf die wildromantische Landschaft zu schauen scheinen. Auch Brunnen, Backofen, ein ritueller Steinkreis, das „galindische Labyrinth“ und ein kleines Freiluftmuseum gehören zu den Attraktionen des Gartens. Sie erreichen das „masurische Eden“ von der Wierzba-Fähre oder der Straße Mikołajki–Ukta/Ruciane aus, am Abzweig Iznota abbiegen, Galindia ist ausgeschildert. *29 Zi., 6 Apt.* | *Tel./Fax 087/423 14 16* | *www.galindia.com.pl* | €€

JEZIORO ŚNIARDWY (SPIRDINGSEE) [115 F2–3, 116 A2–3]

KARTE IN DER HINTEREN UMSCHLAGKLAPPE

★ Er misst 17 km an seiner längsten Stelle und hat eine maximale Breite von 13 km: Der mehr als 20 m tiefe Spirdingsee ist der größte See Polens – das „masurische Meer“ eben. Landschaftlich besonders schön ist der südliche Seeabschnitt zwischen *Karwik* und *Wierzba (Spirding),* der an die urwaldartige Landschaft der Johannisburger Heide reicht. Der Spirdingsee gilt als ausgesprochen trügerisch und schwierig. Auch wenn der Wasserspiegel ruhig und glatt erscheint, können sich bei plötzlich aufkommendem Wind innerhalb weniger Minuten steile Wellen bilden. Wer dennoch mit Kajak oder Paddelboot auf den See hinausfährt, sollte daher viel Erfahrung haben und ein guter Schwimmer sein.

KOSEWO (KOSSEWEN) [115 D2]

Ein großes Dorf, 15 km westlich von Mikołajki, das in unmittelbarer Umgebung von drei Waldseen liegt. Im Süden des Dorfes dient die Hirschfarm *Ferma Jeleniowatych* am Kuc-See wissenschaftlichen Zwecken, doch ein Besuch des 200 ha großen Geheges lohnt: Hier kann man nicht nur alle in Polen vorkommenden Hirscharten vom Rotwild bis zum Elch beobachten, sondern auch Exoten wie den Milu oder das Mufflon.

Ein kleines Museum zeigt – gegen einen kleinen Obolus – eine beeindruckende Geweihsammlung *(Di–So 10–17 Uhr)*. Gut übernachten können Sie in Kosewo in der *Pension Hubertus* am Juxt-See. *10 Zi.* | *Kosewo 77* | *Tel. 089/742 45 57* | *www.masuren-pension.de* | €

Was idyllisch aussieht, zeugt auch vom harten, kargen Landleben: Bauernhaus bei Orzysz

Insider Tipp **LIPOWO (LINDENDORF)** [115 E2]
Ein malerisches Dorf in der Johannisburger Heide, gut 10 km südwestlich von Mikołajki zwischen zwei Seen. Ein naturkundlicher Rundweg führt durch den angrenzenden Wald an jahrhundertealten Eichen, Linden und Fichten vorbei.

ZEŁWĄGI (SELBONGEN) [115 E2]
Das idyllisch gelegene Dorf, 5 km westlich von Mikołajki, schmiegt sich zwischen drei kleine Seen, die zum Verweilen und zu Spaziergängen am Ufer einladen. Kunstinteressierte können an der Hauptstraße in dem Häuschen mit der Nummer 32 die kleine *Galerie* des Bildhauers und Holzschnitzers Zdzisław Grunwald besuchen, der hier einige seiner Werke ausstellt.

ORZYSZ (ARYS)

[116 B2] **Durch Sümpfe und Seen gut geschützt, liegt Orzysz (5200 Ew.) seit dem späten Mittelalter an der alten Handelsstraße Rastenburg–Johannisburg.** Der Großmeister des Deutschen Ordens, Konrad von Erlichshausen, gründete den Ort zwischen Sajno-See und Orzysz-See im Jahr 1443 unter dem Namen Neudorf. Im Ersten und Zweiten Weltkrieg stark zerstört, wurde Orzysz nach 1945 neu aufgebaut.

SEHENSWERTES

RYNEK (MARKTPLATZ)

An der zum Marktplatz führenden Hauptstraße, der *ul. Wojska Polskiego,* sowie an der sie am Markt kreuzenden *ul. Ełcka* mit der innen bunt bemalten *Herz-Jesu-Kirche* ist eine Reihe von Bauten aus der Zeit der Jahrhundertwende erhalten, die noch den ursprünglichen Kleinstadtcharakter des Ortes repräsentieren.

ESSEN & TRINKEN

Es gibt einige Bars, die Schnellgerichte der polnischen Küche anbieten und das einfache Restaurant *Kormoran | ul. Lesna 1 (€).*

ÜBERNACHTEN

OŚRODEK WODNO-WYPOCZYNKOWY

Campingplatz mit eigenem Strand und Wassersportgeräte-Verleih. *ul. Leśna 13 | Tel. 087/423 70 14 | €*

UBLIK

Das Komforthotel in einem restaurierten Herrenhof aus dem 18. Jh. liegt etwas versteckt unweit der Straße nach Giżycko (ca. 10 km nördlich von Orzysz), aber herrlich malerisch im Wald direkt über dem Ublik-See. Mit Grillplatz, Rad- und Bootsverleih (für Hotelgäste gratis). Die etwa 4 km lange Anfahrt von der Straße durch den Wald ist stellenweise ziemlich holprig, doch die Lage des Hauses entschädigt dafür. *17 Zi. | Ublik 30 | Tel. 087/423 74 19 | www.ublik.pl | €€*

FREIZEIT & SPORT

SPAZIERGANG AM KANAL

Ein hübscher Spazierweg führt am Kanal entlang zum Orzysz-See. Folgen Sie vom Marktplatz aus der *ul. Kanałowa,* die parallel zum Kanal verläuft. Die engen, lang gezogenen Buchten des Sees sind von Wald umgeben – im Herbst ein Pilzparadies.

AUSKUNFT

TOURISTENINFORMATION

Rynek 5 | Tel. 087/423 71 87 | www.orzysz.pl

PISZ (JOHANNISBURG)

[116 A4] Diesem am Ostrand des riesigen Waldkomplexes der Johannisburger Heide gelegenen Städtchen (19 400 Ew.) ist anzusehen, dass es in seiner Geschichte immer wieder zerstört wurde. Zuletzt am

> LOW BUDGET

- Masurischen Fisch serviert man in Mikołajki in vielen Lokalen, aber nirgends gibt's Stint & Co. so frisch, schnell und günstig wie an der *Imbissbude* auf der Fußgängerbrücke gegenüber der Altstadt.
- Eine Etage des *Dwór Łowczego (Alter Jagdhof)* in Gałkowo ist als „Salon Marion Dönhoff" der 2002 verstorbenen einstigen Zeit-Herausgeberin gewidmet. Anhand von Büchern, Fotos und Tondokumenten wird hier der großen deutschen Journalistin und ihres Beitrags für ein besseres Verständnis zwischen Deutschen und Polen gedacht. Gräfin Dönhoff stammt aus Friedrichstein bei Königsberg (heute Kaliningrad) und war mehrfach in Gałkowo. Der Eintritt in den Salon kostet nur 4 Zł.

Rathaus 19. Jh

24. Jan. 1945, als die Rote Armee Johannisburg besetzte und drei Viertel der Stadt niederbrannte. Gesichtslose sozialistische Wohnblocks prägen daher heute das Bild. Nur am Marktplatz stehen noch einige Häuser aus der Vorkriegszeit.

Für Segler und Kanuten gilt Pisz als „Tor nach Masuren", denn man kann von Warschau aus über die Weichsel, den Narew und das Flüsschen Pisa bis auf die masurischen Seen wasserwandern. Die Stadtgeschichte: wechselhaft. 1345 baute der Ritterorden hier eine Schutzburg gegen die Litauer, die trotz ihrer baldigen Zerstörung zur Keimzelle der Stadt wurde. Ihre Blütezeit erlebte diese aber erst nach der Auflösung des Ordensstaates (1525) – vor allem durch einen schwunghaften Grenzhandel mit den benachbarten Polen.

SEHENSWERTES

JOHANNES-DER-TÄUFER-KIRCHE

Als historisches Denkmal erhalten ist die wiederaufgebaute Fachwerkkirche *Kościół Św. Jana Chrzciciela* aus dem 19. Jh. schräg gegenüber dem Marktplatz. Johannes der Täufer ist der Schutzpatron der Stadt. *ul. Kościuszki*

RATHAUS UND MARKTPLATZ

Auf dem einstigen Markt *(plac Daszyńskiego)* stehen aus der Vorkriegszeit nur noch einige Bürgerhäuser und das gründlich restaurierte Rathaus, in dem ein sehr sehenswertes *Heimatmuseum* untergebracht ist *(Muzeum Ziemi Piskiej | Di–So 8–16 Uhr)*, Schwerpunkt der Ausstellung ist die Tier- und Pflanzenwelt der Johannisburger Heide. Der Leiter des Museums, Dietmar Serafin, entstammt einer alten masurischen Familie und spricht deutsch.

ESSEN & TRINKEN

BASZTA

Nicht nur für die Mittagspause empfiehlt sich diese Cafébar mit großer Terrasse: Es gibt polnische Alltagskost wie Bigos, gefüllte Kartoffelklöße, Salate und Bratfisch. *ul. Ratuszowa 14 | Tel. 069/243 27 44* | €

ZŁOTA ŁANIA

Am besten isst man in Pisz im Restaurant hundert Meter hinter dem Rathaus an der Pisa. Schmackhafte polnische Küche, frischer Fisch, im Sommer serviert auf der großen, üppig begrünten Gartenterrasse. *al. Pilsudskiego 15 | Tel. 087/423 57 00 | www.zlotalania.pl* | €€

ÜBERNACHTEN

JOSEPH CONRAD

In dem nicht zufällig nach dem großen Schriftsteller und Seemann polnischer Abstammung benannten Hotel am Roś-See dreht sich alles um den Aktivurlaub: Im zur Pension gehörenden *Camp Pisz* können Sie Kanus und Fahrräder mieten, surfen und segeln lernen (mit Erwerb des Segelscheins) oder an geführten Touren (z. B. Radwanderwochen durch die Johannisburger Heide) teilnehmen. Der Betreiber der Anlage, Marek Lacharz, zählt zu den besten Kennern der masurischen Natur und hat viele Tourentipps parat. In der Pension gibt es auch drei günstige Dreibettzimmer. *21 Zi. | al. Turystow 1 | Tel. 087/423 04 59 | www.hotelconrad.pl* | €€

HOTEL NAD PISĄ
Malerisch am Ufer der Pisa gelegenes, ruhiges Hotel. Restaurant mit Terrasse und sehr guter Küche. *102 Zi. | ul. Ratuszowa 13 | Tel. 087/ 423 32 53 | www.hotelnadpisa.pl* | €€€

AUSKUNFT
CENTRUM INFORMACJI TURYSTYCZNEJ
pl. Daszyńskiego 16 | Tel. 087/ 425 09 47 | www.pisz.pl.

Blumen schmücken den Marktplatz von Pisz, an dem noch einige ältere Häuser erhalten sind

FREIZEIT & SPORT
SPAZIERGANG AM PISA-UFER
Am Ufer der Pisa, die durch die Ortsmitte fließt, kann man entspannt entlangspazieren. Nördlich vom Stadtzentrum führt eine kleine Allee zum ungefähr 1 km von der Stadt entfernten Roś-See. Lauffaule können vor dem *Hotel Nad Pisą (s. o.)* eine Kutsche anheuern oder im Fahrradverleih *Fart (ul. Warszawska 17)* für knapp 20 Zł. am Tag ein Rad mieten.

ZIELE IN DER UMGEBUNG
JABŁOŃ **[116 A4]**
Kleiner Touristenort, vor den Toren von Pisz (an der Straße nach Wiartel) malerisch in der Johannisburger Heide gelegen. Am Campingplatz kann man Fahrräder zur Erkundung der umliegenden Urwaldlandschaft ausleihen.

KARWIK **[116 A3]**
In dem 7 km nördlich von Pisz gelegenen, idyllisch an eine flache Bucht des Spirdingsees gebetteten einstigen Fischer- und Bauerndorf haben sich Dutzende reicher Warschauer ihre

Sommerhäuser gebaut. Am Eingang des Dorfs liegt etwas zurückgesetzt am Waldrand der *Ferienhof „Innatoura“*. Die Betreiberin der bei Jugendgruppen beliebten Pension hält für ihre Gäste Nordic-Walking-Stöcke bereit und unterweist sie auch gern in deren Gebrauch *(Karwik 7 | Tel./Fax 087/425 10 42 | www.innatoura-polen.de)*. Außerdem gibt es hier erstklassige Mietfahrräder und gleich noch das Komplettpaket dazu: Tourentipps, gute Karten, Abholdienst, Pannenset. Buchbar auch vorab beim deutschen Radurlaub-Spezialisten Peter H. Ostendorf, der in Masuren den ersten flächendeckenden Fahradverleih aufgebaut hat *(www.masurad.de)*.

Insider Tipp

Die flachen Seen der Johannisburger Heide sind ein perfektes Revier für den Graureiher

PUSZCZA PISKA (JOHANNISBURGER HEIDE) [115 D–F 4–5, 116 A4–5]

Der größte zusammenhängende Waldkomplex Masurens erstreckt sich von Pisz über rund 1000 km^2 bis nach Krutyń und Lipowo. Abseits der großen Seen und Landstraßen sind Wanderer auch in der Hochsaison meist allein in diesem Revier aus tiefen Wäldern, stillen Wiesen, Flüsschen, Mooren und geheimnisvollen Sumpfseen. Es gibt sehr viele gut unterhaltene Wege, die schon zu preußischer Zeit zur Holzabfuhr angelegt wurden. Autofahren ist auf ihnen nur für Forstfahrzeuge erlaubt. Die Forstverwaltung hat Waldlehrpfade angelegt und gekennzeichnet. Karten und Wegbeschreibungen erhalten Sie unter anderem im *Forstamt Strzalowo (Pfeilswalde)* bei Lipowo.

RUCIANE-NIDA (NIEDERSEE)

[115 E3–4] **Das Städtchen (5500 Ew.) ist der südlichste Ausgangspunkt für einen Urlaub an der Masurischen Seenplatte.** Von Ruciane-Nida aus sind einige der schönsten und größten Seen erreichbar, so der Beldahnsee, den viele für den schönsten der Masurischen Seen halten, der ganz von Wald umgebene Niedersee (Jezioro Nidzkie) und natürlich der Spirdingsee. Kein Wunder also, dass Ruciane-Nida eine der Stationen der Weißen Flotte für Kreuzfahrten auf der Masurischen Seenplatte ist. Auch für Wassersportler ist der Ort vorzüglich geeignet mit reichlich Möglichkeiten zum Schwimmen, Surfen, Segeln und Paddeln.

SEHENSWERTES

GUZIANKA-SCHLEUSE

Die *Śluza Guzianka* verbindet den Beldahn- und den Kleinen Guzianka-See und gleicht einen Höhenunterschied von 2,20 m aus. In der Urlaubssaison herrscht hier ständig reger Verkehr. Die Schleuse ist von 7 bis 21 Uhr in Betrieb, Segler bleiben also nicht im Schleusenstau stecken. Für Landratten: Die Schleuse liegt an der ul. Guzianka, wenn Sie von Ruciane aus Richtung Wejsuny fahren. Sie ist auch gut zu Fuß erreichbar.

ESSEN & TRINKEN

KAPIODORO

Nach Meinung vieler Masuren-Kenner das beste Lokal in der Restaurantzeile am Bahnhof. Gemütlich-rustikal möbliert, große Auswahl an leckeren Pizzas und Salaten. *ul. Dworcowa 6f* | *Tel. 087/423 65 80* | €

KOLORADA

Hier wird herzhaft polnisch-masurisch aufgetischt, gemixt mit eigenen Kreationen, zum Beispiel Kartoffelpuffer nach Zigeunerart. *ul. Dworcowa 6e* | *Tel. 087/423 65 31* | €€€

ÜBERNACHTEN

NBP GUZIANKA

Der neue, etwas verschachtelt wirkende Ferienkomplex der polnischen Nationalbank, idyllisch am Beldahnsee (mit eigenem Bootshafen) gelegen, bietet verschiedene Übernachtungsgelegenheiten – von komfortablen, großen Zimmern bis zu kleinen Bungalows, sehr beliebt bei Familien. *ul. Guzianka 7 (in der Nähe der Schleuse)* | *Tel. 087/424 06 00* | *Fax 424 06 96* | *www.guzianka.pl* | €€

Hauptsache, alles bleibt heil: Schiffsgetümmel in der Guzianka-Schleuse

NIDZKI

Das komfortable Dreisterne-Hotel liegt etwas abseits, doch sehr malerisch am Ostufer des Niedersees, mit eigenem Bootssteg und -verleih, Terrassencafé und großen, modern möblierten Zimmern. Das Restaurant gilt als feinstes in der Umgebung. *32 Zi.* | *ul. Nadbrzeżna* | *Tel 087/423 64 01* | *www.hotel.nidzki.oit.pl* | €€€

PENSJONAT JANUS

Villenähnliche Pension mit Seeblick, die meisten der zehn rustikal eingerichteten Zimmer mit Balkon. *Guzianka 1* | *Tel. 087/423 64 50* | *www.janus.e-mazury.com.pl* | €€

FREIZEIT & SPORT

BOOTSAUSFLÜGE

Von Mai bis September werden neben den Kreuzfahrten der Weißen Flotte auch etwa einstündige Fahrten auf dem Niedersee angeboten sowie Ausflugsfahrten über verschiedene Wege nach Mikołajki und Giżycko. *www.zeglugamazurska.com.pl*

AM ABEND

Insider Tipp ▶▶ *Czarny Kon* ist eine rustikale Bar, die auch Grill- und Lagerfeuerabende veranstaltet *(ul. 11 Listopada 10)*; in der Bar *Warmianka* ist abends Discobetrieb *(ul. Dworcowa 18)*.

AUSKUNFT

CENTRUM INFORMACJI TURYSTYCZNEJ

ul. Dworcowa 14 | *Tel. 087/423 19 89* | *www.ruciane-nida.pl*

ZIELE IN DER UMGEBUNG

JEZIORO BEŁDANY (BELDAHNSEE) **[115 E3]**

Viele Masurenkenner schwören darauf, dass die Seenlandschaft nirgends schöner ist als am Beldahnsee und am Niedersee, die durch den Großen und den Kleinen Guzianka-See verbunden sind. Nicht zuletzt ist es die Urwaldlandschaft der Johannisburger Heide, die zum ganz besonderen Zauber dieser Seen beiträgt. Der mehr als 12 km lange und teilweise nur 200 m breite Beldahnsee ist der touristisch besser erschlossene. Durch ihn verläuft nicht nur die Segelroute zwischen Mikołajki und Ruciane, sondern auch der berühmte Kajakwanderweg auf der Krutynia. Vor allem in der Bucht von Iznota wird Netzfischerei betrieben.

> BLOGS & PODCASTS

Gute Tagebücher und Files im Internet

> ***www.polish-online.com/wordpress*** – Unter dem Label „Atelier Polen" schreibt die Übersetzerin Barbara Woyno in ihrem Blog über aktuelle und hintergründige Themen von Politik bis Tourismus.

> ***www.urlaubinpolen.blogspot.com*** – Erfahrungen, Berichte, Erlebnisse, Bilder, Reisetipps und vieles mehr rund um das Thema Urlaub in Polen – auch zu Masuren – findet sich hier eine Menge. Sehr empfehlenswert, mit guter Linkliste.

> ***www.infoseite-polen.de*** – Ein weiterer informativer Polen-Blog mit einem Themenmix von Ökologie bis soziale Lage, aber auch vielen touristischen News.

> ***www.polskieradio.pl/zagranica/news/artykulus52783.html*** – Die Journalistin Katarzyna Tuszynska hat den „Salon Marion Dönhoff" in Gałkowo besucht. Im Archiv des Auslandsdienstes des Polnischen Rundfunks finden sich viele weitere Podcasts zu Themen aus Masuren.

> ***www.deutsche-welle.de/dw/article/0,2144,2972462,00.html*** – In diesem Masuren-Dossier von DW-World sind Files und Reportagen von Wolfsschanze bis Eissegeln gesammelt.

DER SÜDEN

Vor allem im Süden des traumhaft schönen Niedersees ist es sehr einsam

JEZIORO NIDZKIE (NIEDERSEE) ★ [115 E–F 4–5]

Für viele gilt der Niedersee mit seinem Inselarchipel als der schönste unter den Schönen, an dessen Uferverlauf mit Ruciane-Nida nur eine einzige Stadt liegt. Je weiter Sie hier in den Süden kommen, desto leerer wird es auf dem und um den See. Bootsfahrten von Ruciane aus führen entlang der bewaldeten Inseln über den See, der je nach Lichteinfall mal blau, mal tiefgrün erscheint.

KARWICA (KURWIEN) [115 E4]

Das 14 km südlich von Ruciane in der Johannisburger Heide gelegene Dorf hat viel von seinem ursprünglichen Charakter bewahrt, die traditionelle Holzbauweise ist erhalten.

PIERSŁAWEK (KLEINORT) [115 E2]

Das kleine *Forsthaus Piersławek* liegt an der Verbindungsstraße zwischen der Chaussee 609, die von Ruciane-Nida nach Mikołajki führt, und der Landstraße 602. Hier wurde am 18. Mai 1887 der Dichter Ernst Wiechert geboren. Ein kleines, von der „Masurischen Gesellschaft der Freunde Ernst Wiecherts" eingerichtetes *Museum* mit Fotografien und Büchern erinnert an „Masurens stillen Dichter" und seine naturalistischen Romane, in denen die Waldlandschaft als Symbol steht für das einfache Leben in der Natur und die Abkehr von Staat und Fortschritt in Zeiten des aufziehenden Nationalsozialmus. *Mo–Fr 10–16 Uhr, Sa, So 10–14 Uhr | www.ernst-wiechert.de*

POPIELNO (POPIELLNEN) [115 F2]

Der kleine Ort auf der Landzunge zwischern Spirding- und Beldahnsee ist Sitz eines *zoologischen Forschungszentrums* der Polnischen Akademie der Wissenschaften, zu dem auch die einzige Biberzucht Polens gehört *(Mo–Fr 10–13, Sa, So 11–14 Uhr | Führungen auf Deutsch n. V., Tel. 087/423 15 19)*. Die Mitar-

Insider Tipp

beiter sind auf Touristen eingestellt – es gibt Reitmöglichkeiten, Kutschfahrten und die Möglichkeit, in einem Motorkutter über den See zu schippern. *www.polpielno.pl*

Wojnowo: reicher religiöser Schmuck im Kloster der russischen Altgläubigen

WEJSUNY (WEISSUHNEN) **[115 F3]**
Das 6 km nordöstlich von Ruciane gelegene Dorf (350 Ew.) erstreckt sich am Ufer des hornförmigen Wejsunek-Sees. Sehr malerisch sind die hölzernen Bauernkaten an der Seestraße mit ihren blau gestrichenen Fensterläden. Im Ortszentrum befindet sich eine kleine *Ausstellung* alter Bauernmöbel, landwirtschaftlicher Geräte und anderer Exponate alten Dorflebens, darunter Spinnräder und Butterfässer.

WOJNOWO (ECKERTSDORF) ★ **[115 E3]**
Das von den russischen Altgläubigen, den Philipponen, um 1830 als eines von elf Dörfern gegründete Wojnowo am Ufer der Krutynia, 8 km westlich von Ruciane, zog bereits vor Jahrzehnten Touristen an. Zu den größten Sehenswürdigkeiten gehört das 1847 erbaute *Kloster* der Altgläubigen am Ufer des Dus-Sees. Die letzte Nonne ist allerdings 2006 gestorben.

Erhalten blieb der *Friedhof* mit seinen verwitterten orthodoxen Kreuzen gleich hinter der Klosterkapelle, eines der eindrucksvollsten Zeugnisse der versunkenen Welt russischer Altgläubiger in Masuren. Auf vielen Kreuzen sind in kyrillischer Schrift noch die Namen jener Nonnen zu lesen, die seit 1836 in der abgeschiedenen Klostereinsamkeit lebten. Wenn man bei der Bauernfamilie, die die Stätte inzwischen bewohnt, freundlich fragt, kann man Kapelle und Friedhof besichtigen. Die Leute vermieten im alten Wohntrakt des Klosters auch ein paar (sehr spartanische) Zimmer.

Im Zentrum des Dorfs steht die 1922 geweihte *russisch-orthodoxe Kirche* – schon von Weitem ist der Zwiebelturm der im Stil altbyzantinischer Sakralbauten errichteten Holz-

seit 1995
7 Nonnen, Kopftuch

kirche zu sehen. Die 72 wertvollsten Ikonen wurden aus Furcht vor Dieben allerdings entfernt, sie befinden sich heute im Ermländischen Museum in Lidzbark Warmiński. Wenn Sie die Kirche besichtigen möchten: Den Schlüssel gibt es im Haus Nr. 48 schräg gegenüber.

Sie erreichen Wojnowo von Ruciane aus über die Chaussee Ruciane–Babięta, ein Schild weist von dort den Weg.

WYGRYNY (WIGRINNEN) [115 E3]

Das 3 km nordwestlich von Ruciane an der Straße nach Piecki (Peitschendorf) gelegene Dorf bietet einen besonders schönen Blick auf den 45 ha großen Wigrinner See, ein typisches Fließgewässer, das mit dem Beldahnsee verbunden ist. Der ganz von Wald umgebene See hat lediglich beim Dorf ein flaches, zugängliches Ufer. Wygryny entwickelt sich immer mehr zu einem touristischen Wassersportzentrum, und wer sich fragt, woher die vielen Motorboote auf dem Beldahn kommen, wird hier eine Antwort finden.

SZCZYTNO (ORTELSBURG)

[114 B4] **Die am südwestlichen Ende Masurens gelegene Kleinstadt am Kleinen und am Langen Domowy-See gehört zu den Siedlungen, die der Deutsche Orden im Mittelalter gegründet hat.** Das Ordensschloss ist mittlerweile nur noch eine Ruine. In der Umgebung der Stadt (27 400 Ew.) finden Sie einige schöne Erholungsgebiete zwischen Wäldern und Seen und ausgeschilderte Wege für Wanderungen und Radtouren, so etwa die 28 km lange markierte „Tatarenroute“ nach Babieta entlang der Johannisburger Heide.

SEHENSWERTES

EVANGELISCHE KIRCHE

In der Barockkirche (1718) finden im Sommer in unregelmäßigen Abständen Konzerte mit alter Kirchenmusik statt. *ul. Warszawska*

SCHLOSS

Ruine der gotischen Ordensburg aus dem späten 14. Jh., in der Nähe des Bootsanlegers. Beim Schloss liegt auch das *Mazurskie Muzeum (Mai–Sept. 9–17, Okt.–April 9–16 Uhr)* mit seiner umfangreichen volkskundlichen Sammlung.

ESSEN & TRINKEN

RESTAURACJA KANIA

Typisch polnische Gerichte, die Spezialität des Hauses: Schaschlik. *ul. Linki 2 | Tel. 089/624 35 51* | €€

ÜBERNACHTEN

HOTEL KRYSTYNA

Mitteklassehotel am Ufer des Kleinen Haussees; die 41 Zimmer wirken etwas altmodisch, sind aber sauber und ordentlich. *ul. Żwirki i Wigury 10 | Tel. 089/624 21 69 | www.hotelkrystyna.pl* | €€

HOTEL LEŚNA

Schön gelegen am Stadtwald, 40 Zimmer mit Telefon und TV, zum Teil in separaten Bungalows. Fahrradverleih, Ausflugsprogramm. *ul. Ostrołęcka 6 | Tel. 089/624 32 46 | www.lesna.net.pl* | €€€

> SEGELTÖRNS UND RITTERSPIELE

Im Norden von Masuren locken Schiffsausflüge, wunderbare Segelstrecken und alte Burgen

> Giżycko (Lötzen) und Węgorzewo (Angerburg) sind die Wassersportzentren im Norden der Masurischen Seen. Denn an der nördlichen „Pforte Masurens", in Węgorzewo, beginnt die atemberaubende Segelstrecke über mehrere Seen hinweg bis in den Süden der Großen Masurischen Seenplatte nach Ruciane Nida (Niedersee) oder Pisz (Johannisburg) hinunter.

Die Ausflugsschiffe der masurischen Weißen Flotte steuern von Węgorzewo und Giżycko aus nicht nur alle größeren Orte rund um die Masurischen Seen an, sondern ebenso die unter Naturschutz stehenden Inseln. Doch auch wer seinen Urlaub hoch zu Ross verbringen möchte oder lange Radwanderungen plant, ist in Nordmasuren richtig. So gibt es beispielsweise in Kętrzyn (Rastenburg) oder im Weiler Przykop bei Miłki Gestüte, die auf Ferien im Sattel spezialisiert sind. Die schönsten Radwandertouren führen durch die

Bild: Gyżicko, Schiffe der Weißen Flotte

DER NORDEN

Puszcza Borecka, den Borkener Forst, sowie entlang dem nie fertig gebauten Masurischen Kanal, der einst die Masurischen Seen mit der Ostsee verbinden sollte.

Anders als im Süden der Masurischen Seenplatte begegnet man im Norden vielerorts Spuren der jüngeren deutschen Geschichte. Bei Kętrzyn und bei Mamerki (Mauerwald) stehen heute noch die Überreste der ehemaligen Hauptquartiere Hitlers und der Wehrmacht. Finstere Bunkerstädte, Mahnmale heute, die fast sinnbildlich lange, düstere Schatten werfen.

GIŻYCKO (LÖTZEN)

[112 A4] **„Sommerhauptstadt Masurens" wird Giżycko gern genannt. Die mit über 30 000 Ew. größte Stadt Masurens liegt**

GIŻYCKO (LÖTZEN)

Faszinierend rasanter Sport auf drei Kufen: Eissegeln zu lernen ist gar nicht so schwer

malerisch zwischen dem Jezioro Kisajno, dem Kissain-See, und dem Jezioro Niegocin, dem Löwentin-See. Außerdem befinden sich innerhalb der Stadtgrenzen noch zwei weitere Seen: Popówka Duża und Mała, Groß und Klein Popowka. Die um diese Seen angelegten Wanderwege laden zum Spazierengehen und Joggen ein. Kein Wunder, dass Giżycko zu den Perlen der Wassersport- und Urlaubszentren Polens zählt.

Im Sommer segeln, tauchen und schwimmen die Besucher oder richten vom Boot aus das Fernglas auf eine der vielen kleinen Inseln im Kissain-See: Die Vogelreservate beherbergen Kraniche, Schwarzstörche und die seltenen Nachtreiher. Im Winter gönnen sich die Gäste ein eiskaltes Vergnügen: Insider Tipp Eissegeln. Auf Kufen unter Segeln mit Tempo 70 über die zugefrorenen Seen zu flitzen, ist ein unvergessliches Erlebnis.

Die Stadtgeschichte reicht bis zu den Pruzzen zurück, deren hölzerne Wehranlage 1283 vom Deutschen Orden erobert wurde. Das Burgschloss, das die Ritter an dieser Stelle errichteten, nannten sie Lötzen. Als die Siedlung rund um das Schloss 1612 Stadtrecht erhielt, übernahm sie diesen Namen und führte ihn bis zum Ende des Zweiten Weltkriegs. Der heutige Name Giżycko geht auf Pastor Gustav Gisevius (1810–48) zurück. Er wehrte sich gegen die Preußen und ihre Germanisierungspolitik und kämpfte für den Erhalt der polnischen Sprache.

SEHENSWERTES

DREHBRÜCKE

Witzig und auch ein bisschen spektakulär ist die von Hand betriebene Drehbrücke über den Lötzener Kanal, die auf dem Weg zum Kreuz des hl. Bruno liegt. Die aus der zweiten Hälfte des 19. Jhs. stammende Brücke ist die einzige ihrer Art in Polen.

FESTE BOYEN ★

Die gewaltige Festung aus der ersten Hälfte des 19. Jhs. sollte die Ostgrenze des Deutschen Reiches schützen. Ende Januar 1945 fielen der Roten Armee die Festung wie auch die Stadt Lötzen selbst kampflos zu. Nach dem Krieg diente die Festung höchst zivilen Zwecken – als Hühnerfarm, Käsereife und Getreidemagazin. Seit Mitte der 90er-Jahre wird sie restauriert und Touristen zugänglich gemacht. Eingang am Brama Giżycka, dem Lötzener Tor. *Im Tou-*

ristenbüro (ul. Turystyczna 1 | Tel. 087/428 29 59) kann man Führungen reservieren. Besichtigung 4 Zł., Führung 30–50 Zł. je nach Gruppenstärke und Dauer (30, 60, 120 Min.)

ORDENSSCHLOSS UND KREUZ DES HL. BRUNO

Vom ehemaligen Ordensschloss aus dem 15. Jh. steht nur noch ein Flügel. Von hier aus führt die Allee ul. Lotnicza einen kleinen Berg hinauf, auf dessen Spitze sich ein großes Kreuz zu Ehren des hl. Bruno aus Querfurt erhebt, der angeblich an dieser Stelle im Jahr 1009 den Märtyrertod gestorben sein soll – die Pruzzen hatten sich gewaltsam gegen die Christianisierung gewehrt. Von der Anhöhe aus hat man einen schönen Blick auf den Löwentin-See.

ESSEN & TRINKEN

KUCHNIE ŚWIATA

Schickes Restaurant am Grunwald-Platz, hier können Sie den „Zmak Mazursky“, den Geschmack Masurens probieren – Spezialitäten wie gefüllte Kartoffelkuchen oder geräucherte Maräne. Die Speisekarte bietet aber auch polnische, europäische und mediterrane Küche. *pl. Grunwaldski 1 | Tel. 087/429 22 55 | www.kuchnieswiata.pl | €€€*

WODNIK

Das Hotelrestaurant ist bekannt für seine ausgezeichnete polnische und masurische Küche. Besonders gemütlich sitzt man im Kaminsaal im Keller. *ul. 3-go Maja 2 | Tel. 087/428 40 81 | €€€*

ÜBERNACHTEN

JANTAR

Kleine, frisch renovierte Hotelpension mitten in der Stadt nahe dem Niegocin-See. Freundliche Gastgeber, rustikales Restaurant. *12 Zi. | ul. Warszawka 10 | Tel. 087/428 54 15 | www.jantar-gizycko.pl | €€*

LAS GIZYCKO

Modernes Hotel direkt am Kissain-See. Alle Zimmer mit Telefon und TV. Die Einrichtung ist etwas bieder. Verleih von Booten und Fahrrädern. *62 Zi. | al. Wojska Polskiego 37 | Tel.*

MARCO POLO HIGHLIGHTS

★ Fuledzki Róg (Faulhöder Spitze)
Tolle Aussichten: kraxeln im Naturreservat (Seite 60)

★ Puszcza Borecka (Borkener Forst)
Ein Wald zum Wandern und Radfahren (Seite 62)

★ Sądry (Zandern)
Das 200 Jahre alte „Masurische Bauernhaus“ Chata Mazurska ist Privatmuseum (Seite 71)

★ Wilczy Szaniec (Wolfsschanze)
In Hitlers ehemaligem Hauptquartier gedenkt man auch des Widerstands vom 20. Juli 1944 (Seite 66)

★ Schloss Steinort
Verfallende, ehemals herrschaftliche Pracht (Seite 72)

★ Feste Boyen
Eine gewaltige Festung aus preußischer Zeit (Seite 58)

087/429 30 01 | *Fax 429 25 54* | *www.lasgizycko.pl* | €€€

WILKASY TOURISTIK ZENTRUM

In dem großen Feriendorf am Niegocin-See (3 km südlich des Stadtzentrums an der Straße nach Mikołajki) hat man die Wahl zwischen Hotelzimmern, Bungalows und einfachen Campinghütten. Wilkasy ist eines der Wassersport- und Tourismuszentren Masurens und bietet im Sommer alles für den Aktivurlaub: Bootsverleih, Mountainbikes, Freibad, Gestüt. Nur seine Ruhe findet man hier dann eher selten. *60 Zi.* | *ul. Niegocińska 7* | *Tel. 087/428 07 00* | *Fax 428 07 01* | *www.azs-wilkasy.com.pl* | €€–€€€

ZAMEK

Kleines, einfaches Motel mit netter Atmosphäre, direkt am Giżycki-Kanal. *12 Zi.* | *ul. Moniuszki 1* | *Tel. 087/428 24 19* | *www.cmazur.pl* | €€

FREIZEIT & SPORT

Insider Tipp **SCHIFFSAUSFLÜGE**

Die „Weiße Flotte" legt von Giżycko nach Węgorzewo, Mikołajki, Ruciane-Nida, Pisz und Sztynort ab. Außerdem werden Ausflugsfahrten wie die „Schwanen-Tour" und die Tour „Zur Kormoran-Insel" auf dem Kissain-See und dem Doben-See (Jezioro Dobskie) organisiert. Am Hafen gibt es Tourenbeschreibungen und Fahrpläne auf Deutsch. *al. Wojska Polskiego 8* | *Tel. 087/428 53 32* | *www.zeglugamazurska.com.pl*

SPORTZENTREN

Zwei Sportzentren liegen direkt am Kissain-See, sie führen jeweils einen großen Hotelbetrieb, haben auch Camping- und Zeltplätze. Es gibt einen Yachthafen und einen Verleih für Wassersportgeräte. Für alle Wassersportarten werden Kurse angeboten.

– *Międzynarodowe Centrum Żeglarstwa i Turystyki Wodnej Almatur (Internationales Segel- und Wassersportzentrum Almatur)* | *ul. Moniuszki 24* | *Tel. 087/428 33 88* | *www.sail-almatur.pl*

– *Centralny Ośrodek Sportu (Zentrales Sportzentrum)* | *ul. Moniuszki 22* | *Tel. 087/428 23 35*

AM ABEND

SIWA CZAPLA

Von allen Sommerlokalen am See das beliebteste. In der rustikalen Taverne (deutsch: „Graureiher") ist es abends meist rappelvoll, vor allem die Segler feiern hier gern – und am liebsten auf der Terrasse direkt am Yachthafen. *ul. Nabrzeżna 11* | *Tel. 087/428 34 40* | €€

AUSKUNFT

CENTRUM INFORMACJI I PROMOCJI TURYSTYCZNEJ REGIONU

ul. Warszawska 7 | *Tel. 087/428 52 65 u. 428 57 60* | *www.mazury.com.pl, www.gizycko.pl*

ZIELE IN DER UMGEBUNG

FULEDZKI RÓG (FAULHÖDER SPITZE) ★ [111 F3]

Im Naturreservat Fuledzki Róg, ca. 17 km nordwestlich von Giżycko auf der Halbinsel im Kissain-See, gibt es vor allem Steine zu sehen. Auf rund 40 ha erstreckt sich ein riesiges Findlingsfeld: graue und rosafarbene Granitsteine, Gneise, Quarzite, Porphyrfelsblöcke. Wer ein bisschen durch dieses Natur- oder besser „Steinreservat" klettert, sich auch von Weidengestrüpp und Sumpflöchern nicht abschrecken lässt, vielmehr noch den höchsten „Berg" erklimmt (immerhin 157 m!), wird mit einem wunderschönen Blick über den Kissain- und den Doben-See belohnt.

MIŁKI (MILKEN) [112 B5]

Das Dorf liegt ca. 30 km südlich von Giżycko. Hier steht *Masurens älteste Kirche,* ein gotisches Bauwerk, das um 1480 herum errichtet wurde. Den Altar (1688) schmückt ein großes Bild, das das letzte Abendmahl Jesu mit seinen Jüngern darstellt. Im Ersten Weltkrieg wurde die Kirche schwer beschädigt, danach aber nach alten Plänen wieder aufgebaut und restauriert. Gut übernachten können Sie in der komfortablen *Pension Teresa* im Ortsteil Marcinowa Wola am Buwelno-See, das hauseigene Restaurant ist bekannt für seine leckeren Fischgerichte *(10 Zi. | Marcinowa Wola 2 | Tel. 087/421 16 44 | www.pensjonatteresa.pl | €€).*

PRZYKOP [112 A5]

Im Weiler Przykop, der zur Gemeinde Miłki gehört, kann man ein altes Gutshaus aus dem 18. Jh. besichtigen – auf einem Spaziergang, der dann zur *Karczma Stara Kuźnia* Insider Tipp führen sollte, denn in der früheren Schmiede mit großem Kamin und einfachen Holztischen kann man ausgezeichnet essen. Spezialität des Hauses ist die *halaszlé,* eine scharfe ungarische Fischsuppe. Es gibt Hammel- und Ziegen-Schaschlik, viele Fischgerichte und russische Piroggen *(Przykop 1 | Tel. 087/421 10 86 | www.starakuznia.com.pl | €€).*

Masurens Seen sind Heimat für Höckerschwäne – Sinnbild für Anmut und lebenslange Treue

PUSZCZA BORECKA (BORKENER FORST) ★ [112–113 C–D 3–4]

Über Kruklanki (Kruglanken) am Gołdapiwo-See gelangt man zu einem in Europa einzigartigen Waldgebiet, dem Borkener Forst. Der 230 km^2 große Mischwald entwickelte sich über Jahrhunderte völlig urwüchsig. Der Forst liegt im sogenannten Buckligen Masuren (Mazury Garbate). Der Góra Lipowa (Lindenberg), der Góra Gęsia (Räuberberg) und der Diabla Góra (Teufelsberg) sind immerhin alle über 200 m hoch. Dazwischen liegen tiefe Schluchten, fließen kleine Bäche, breiten sich Sümpfe oder kleine Strudelseen aus. Da durch die vier Naturreservate kein markierter Wanderweg führt, sollten Sie auf der geteerten Waldstraße bleiben und am besten mit dem Fahrrad von der *Försterei Wolisko (tgl. 9–15 Uhr)* aus eine Schleife durch den Urwald fahren. In der Försterei ist eine Karte der Straße erhältlich.

Lichtnelken und Wucherblumen säumen die Feldwege bei Rydzewo

Es empfiehlt sich nicht, auf eigene Faust den Urwald entdecken zu wollen. Die Gefahr, sich zu verlaufen, ist zu groß. Andere Spaziergänger wird man kaum treffen, eher schon Füchse und Hasen, Dachse und Marder, und mit etwas Glück bekommen Sie auch Hirsche, Wildschweine, Elche und sogar Wölfe zu sehen. An den drei kristallklaren Waldseen, an denen man auf dem Weg von der Försterei Wolisko in die Dörfer Borki, Mazury und Szwalk vorbeikommt, leben u.a. die seltenen Schwarzstörche, See-, Schrei- und Fischadler. Hier können Sie sich auch Boote ausleihen.

1956 wurden im Borkener Forst Wisente aus dem Białowieski-Nationalpark ausgesetzt. Inzwischen zählt die Herde rund 70 Tiere. In der Försterei Wolisko kann man sich die Holztürme und Plattformen zeigen lassen, von denen man am ehesten einen Blick auf diese seltenen Tiere werfen kann.

Insi Tip

Wer dieses Naturparadies ein paar Tage lang erkunden möchte, sollte dies von *Kruklanki* aus tun. Hier sind viele Bauern auf Gäste eingerichtet und bieten Bed & Breakfast an oder Vollpension. Adressen: *Informacja Turystyczna (Touristeninformation) | ul. 22 Lipca 19 | Tel. 087/421 73 01 (Juni–Sept.) oder bei Herrn A. Falis-*

zewski | ul. 22 Lipca 23 | Tel. 087/421 70 77 (außerhalb der Saison). Gut essen kann man im Restaurant *Pod Żubrem* (Zum Wisent), hier gibt's frischen Fisch vom Grill und deftige Fleischgerichte. Schöne Gartenterrasse *(ul. 22 lipca 15 | Kruklanki | Tel. 087/421 70 03 | €).*

RYDZEWO (ROTWALDE) [112 A5]

In dem idyllisch am Niegocin-See gelegenen Dorf steht ein Restaurant, das weit über die Grenzen Masurens hinaus bekannt ist: Im *Gospoda Pod Czarnym Łabędziem*, dem Gasthaus zum Schwarzen Schwan *(Rydzewo 20a | Tel. 087/421 12 52 | www.gospoda.pl | €€€)* gibt es herzhafte ermländisch-masurische Spezialitäten nach historischen Rezepten, im urigen Ambiente eines alten Bauernhauses aufgetischt. Hier wurde die Plötzenpastete wiederentdeckt, ein altmasurisches Fischergericht. Nicht von ungefähr ist das Gasthaus alljährlich Austragungsort eines kulinarischen Wettbewerbs in traditioneller regionaler Kochkunst. Für alle, die in Rydzewo länger bleiben wollen, ist der *Zagroda Mazurska*, der Masurische Hof, die beste Adresse *(8 Zi. | Rydzewo 17 | Tel. 087/421 12 53 | www.pawelczik.rydzewo.pl | €€).*

KĘTRZYN (RASTENBURG)

[111 D4] **Kętrzyn (30000 Ew.) ist in der Vergangenheit so oft von Kriegen heimgesucht worden, dass sich eine gewisse Melancholie über die Stadt gelegt zu haben scheint.** Kętrzyn wurde und wird bis heute meist nur mit der Wolfsschanze, mit Hitlers Hauptquartier in Ostpreußen, in Verbindung gebracht. Dass es in Kętrzyn eine gut erhaltene Ordensburg und eine imposante Wehrkirche gibt, weiß hingegen kaum jemand. Ganz bewusst kehrt Kętrzyn daher spielerisch in die Zeit des Ordensstaates und der polnischen Aufstände gegen die Ritter zurück. Jedes Jahr im August findet hier ein Turnier statt, zu dem „Ritter" aus ganz Polen anreisen, um sich in verschiedenen Waffengattungen zu messen. Minnesang, Spanferkelbraten,

>LOW BUDGET

- Wer es ländlich, einfach und romantisch mag und mit Schlafsack reist, kann auf dem altmasurisch restaurierten *Ökohof* von Marta Elsner in *Nowa Wies Ełka* (7 km südlich von Ełk) in der Scheune im Heu übernachten. Im Angebot sind aber auch richtige Zimmer. *Haus Nr. 14 | Tel. 087/619 77 05 | www.masurenhof.pl*
- Günstig segeln: Viele Segler sind gern bereit, einen Passagier für ein paar Stunden an Bord zu nehmen – gewissermaßen „Hand gegen Koje". Manche Segelschulen werben auch mit speziellen Schnupperangeboten. Einfach freundlich im Hafen fragen oder bei einem der Vercharterer, z. B. bei *Andrzej Stachurski* in *Giżycko (Tel. 06 07 19 59 59 | www.stachurski.mazury.info.pl).*
- Die *Festung Boyen* in *Giżycko* ist nicht nur zu besichtigen, man kann hier auch billig übernachten – in der Jugendherberge.

Korbflechten, Kerzenziehen und andere Handwerke gehören ebenfalls zu diesen Ritterspielen.

Insider Tipp

Auch die beiden Bezeichnungen für die Stadt an der Guber haben mit den Ordensrittern zu tun: Lange bevor der Deutsche Orden in die Region kam, hatte der pruzzische Stamm der Barten hier die Siedlung Rast (deutsch: Pfahl) gegründet. Nach dem Bau der Ordensburg hängten die Ritter einfach das Wort Burg an – so entstand Rastenburg. Nach dem Krieg wurde die Stadt nach dem Historiker Wojciech Kętrzynski (1838–1918) benannt, der zwar als Sohn eines preußischen Offiziers noch auf den Namen Adalbert von Winkler hörte, später aber – als er von den polnischen Wurzeln seiner Familie erfahren hatte – den Namen änderte und zu einem engagierten Kämpfer für die polnische Bewegung in Masuren wurde.

SEHENSWERTES

GOTISCHE ORDENSBURG

Die 1329 zum Schutz vor den pruzzischen Barten und den Litauern gegründete Ordensburg ist eines der bedeutendsten Denkmale gotischer Militärarchitektur im einstigen Ostpreußen. Die Burg wurde mehrfach verwüstet, wieder auf- und umgebaut. Umgeben ist sie von einer Wehranlage mit 13 Basteien. Im *Burgmuseum* ist im Parterre die Reiterstandarte Friedrichs von der Groeben (1645–1712) interessant. Groeben kämpfte als deutscher Adliger im

Burg aus Backstein: Die Architektur des Ordensstaates ist in Rastenburg noch lebendig

polnischen Heer unter König Johann III. Sobieski. Im Obergeschoss ist ein Saal dem Historiker Wojciech Kętrzynski gewidmet. Sehenswert ist auch die kleine Ausstellung über Rastenburg in der Vorkriegszeit. *Di–Fr 10–19 Uhr, Sa, So 10–16 Uhr*

LOGE DER FREIMAURER

Auf halbem Weg zwischen Georgskirche und Innenstadt erhebt sich ein neugotisches Bauwerk mit vier achteckigen Türmchen: der ehemalige Sitz der Rastenburger Freimaurerloge „Drei Tore zum Tempel im Osten". Heute beherbergt es den Sitz der Arno-Holz-Gesellschaft für deutsch-polnische Verständigung, mit einer sehenswerten Ausstellung.

ST.-GEORGS-KIRCHE

Die Kirche – die einzige dreischiffige gotische Ziegelkirche in Masuren – mit ihrem 48 m hohen Wehrturm war Teil der Befestigungsanlagen der Stadt und wirkt selbst wie eine Burg.

STADO OGIERÓW

Anders als früher werden in der 1877 gegründeten Hengststation heute vor allem Kaltblüter gehalten (130 Pferde). Ursprünglich hatte man hier Trakehner gezüchtet. Man kann Reitstunden nehmen, Ausflüge in die Umgebung machen, das Gestüt besichtigen – Führung in deutscher Sprache – und das Kutschenfahren erlernen. *ul. Bałtycka 1 | Tel. 089/752 51 71 | www.stadoksiaz.pl*

ESSEN & TRINKEN

AGROS

Das modern getrimmte Restaurant der gleichnamigen Hotelanlage am nördlichen Stadtausgang in Richtung Bartoszyce wirkt kühl, aber man isst dort sehr gut. Masurische, nationale und europäische Gerichte. *ul. Kasztanowa 1 | Tel. 089/751 52 41* | €€€

ÜBERNACHTEN

HOTEL KOCH

Neues Mittelklassehotel im Zentrum mit 40 Zimmern, alle mit TV und Telefon. Im Hotel gibt es ein Restaurant und eine Bar. *ul. Traugutta 3 | Tel. 089/752 20 58 | Fax 752 23 90 | www.masuren2.de* | €€€

ZAJAZD POD ZAMKIEM

Die kleine Herberge, zu Füßen der alten Ordensburg gelegen, bietet acht Einzel- bis Vierbettzimmer an, alle mit TV und Telefon. Es gibt ein gemütliches Restaurant mit polnischer und chinesischer Küche (€) und eine Bar. *ul. Struga 3 | Tel. 089/752 31 17 | Fax 752 41 20 | www.zajazd.ketrzyn.pl* | €€

AUSKUNFT

CENTRUM INFORMACJI TURYSTYCZNEJ

ul. Piłsudskiego 1 | Tel. 089/751 20 40 | www.ketrzyn.pl

ZIELE IN DER UMGEBUNG

DROGOSZE (DÖNHOFFSTÄDT) [110 C2]

Die ganze Pracht der einstigen ostpreußischen Adelsgesellschaft ist in Drogosze an der Landstraße 590 zwischen Korsze und Barciany zu sehen, knapp 20 km nördlich von Kętrzyn. Das weiße Barockschloss, etwas versteckt westlich des eigentlichen Dorfes gelegen, liegt malerisch an einem großen Teich. Nach dem Zweiten Weltkrieg war hier eine staatliche Schule für junge Bauern unterge-

Privatbesitz: Romanowski

bracht. Inzwischen ist das Schloss wieder in Privatbesitz, eine dort wohnende Frau bietet gegen einen kleinen Obolus Führungen durch Schloss und Park an. Der Ostflügel beherbergt ein Mausoleum, in dem die Särge zweier Schloss-Stifter stehen: Angelika und Stanislaus von Dönhoff. Im Dorf selbst sehenswert: die 1539 geweihte Marienkirche mit einer 1742 an die Nordwand angebauten Dönhoffschen Familiengruft.

Insider Tipp

OWCZARNIA (SCHÄFEREI) [111 E4–5]

Insider Tipp

Kurz hinter Pożarki, 6 km südöstlich von Kętrzyn, weist ein kleines Schild nach rechts: *Owczarnia* steht drauf und *Muzeum Ziemi Mazurskiej*. Wer dem Schild folgt, rumpelt noch gut 1,5 km über einen dämmrigen Waldweg und steht schließlich vor einer Ansammlung von Bauernhäusern. Das ist die Schäferei, in der 1996 Aleksander Puszko sein privates *Masurisches Museum* gründete. Mithilfe der einheimischen Jugend hat er die Hütten aus dem 19. Jh. restauriert und im Stil masurischer Bauernhäuser eingerichtet. Zu sehen gibt es viele Haushaltsgeräte und Möbel, die noch gar nicht so alt sind, aber schon vorsintflutlich wirken. *Di–So 10–18 Uhr, sollte in dieser Zeit geschlossen sein, bei den Nachbarn klopfen*

WILCZY SZANIEC (WOLFSSCHANZE) ★ [111 E4]

Keine 10 km von Kętrzyn liegt mitten im Wald Adolf Hitlers ehemaliges Hauptquartier in Ostpreußen, die Bunkerstadt Wolfsschanze. Heute ziehen die über 80 Bunkerruinen jedes Jahr rund 200 000 Besucher an.

Seit 1992 erinnert ein Denkmal an das missglückte Attentat auf Hitler vom 20. Juli 1944. Lange hatten deutsche und polnische Diplomaten um den Wortlaut der Inschrift gerungen. Am Ende einigte man sich auf den Text: „Hier stand die Baracke, in der am 20. Juli 1944 Claus Schenk Graf von Stauffenberg ein Attentat auf Adolf Hitler unternahm. Er und viele andere, die sich gegen die nationalsozialistische Diktatur erhoben hatten, bezahlten mit ihrem Leben."

800 Tage, fast drei Jahre lang, hat Hitler hier mit kurzen Unterbrechun-

Drogosze: 100 m lang ist die klassizistische Fassade von Schloss Dönhoffstädt

gen hinter 7 m dicken Stahlbetonwänden gelebt. Hier arbeiteten er und sein Stab die Pläne für das „Unternehmen Barbarossa" aus, den Überfall auf die Sowjetunion. Mit dem Näherrücken der Roten Armee wurde es Hitler in der Wolfsschanze zu gefährlich. Am 20. Nov. 1944 verließ er sie. Da das Führerhauptquartier nicht in die Hände der Sowjets fallen sollte, versuchten Sondereinheiten der Wehrmacht die Anlage mit bis zu 12 t (!) Sprengstoff pro Bunker zu sprengen. Dies gelang nicht. So zeugen noch heute die Ruinen dieser Bunkerstadt vom Wahn der Nazis.

Der Wilczy Szaniec ist heute ein Privatunternehmen. Die Führungen sind teuer und meist wenig informativ. Es ist sinnvoller, sich in einem der vielen Kioske einen Routenplan mit den durchnummerierten Bunkern zu kaufen oder eins der Fachbücher, die dort in reicher Auswahl und auch in deutscher Sprache angeboten werden. Es gibt zwei Rundwege: Die mit roter Markierung versehene, etwa 1,5 km lange Route führt durch die ehemalige Sperrzone 1, der blau markierte Weg ist länger (etwa 2,5 km) und führt an allen wichtigen Bunkerstandorten entlang; beide Wege beginnen am großen Parkplatz. *Tgl. bis zum letzten Tageslicht | Eintritt 8 Zł., Führung mindestens 50 Zł. | www.wolfsschanze.home.pl*

MRĄGOWO (SENSBURG)

[115 D1] **Mrągowo (22 000 Ew.) ist für viele Masuren-Besucher ein beliebtes Ziel – sowohl für einen Stadtbummel als auch als Ausgangspunkt für Touren zu den großen Seen und in die Johannisburger Heide.** Das geschäftige Städtchen strahlt eine angenehme Atmosphäre von Urlaub, Badefreuden und Es-sich-gut-gehen-Lassen aus. Das liegt zum einen an den fünf Seen in und rund um Mrągowo, aber auch an den vielen Festivals, für die die kleine Kreisstadt in ganz Polen bekannt ist. Das berühmteste, das ▶▶ „Piknik Country Mrągowo" lockt jedes Jahr im Juli Tausende von Countryfans in den Norden Polens.

Irgendwann wird der Wald auch den letzten Bunker überwuchern: Wolfsschanze

Auch Mrągowo geht auf eine Gründung der Ordensritter zurück. Den polnischen Namen Mrągowo erhielt die Stadt 1947 nach Krzysztof Celestyn Mrongowiusz (1764 bis 1855), der die Vorlesungen Immanuel Kants an der Königsberger Albertina gehört und danach eine „Philosophische Abhandlung über Religion und Moral“ in polnischer Sprache veröffentlicht hatte.

SEHENSWERTES

STADTZENTRUM

An der *ul. Warszawska,* der *ul. Ratuszowska* und der *ul. Królewska,* stehen noch heute einige sehenswerte Patrizierhäuser aus dem 19. Jh., darunter auch ein paar mit gut erhaltener klassischer Jugendstilfassade. Die *Evangelisch-Augsburgische Kirche* (18. Jh.) an der *ul. Kościelna* hat eine moderne Innenausstattung, und an der *ul. Królewska* beten die Menschen in der imponierenden neogotischen *St.-Adalbert-Kirche* im römisch-katholischen Ritus.

Am *plac Kajki* befindet sich im Rathaus das *Regionalmuseum.* Dort ist unter anderem eine Ausstellung zum historischen Sensburg zu sehen. Ein paar Schritte weiter kann man in einem zweiten Museumsgebäude eine Ausstellung über den Heimatdichter Ernst Wiechert besuchen *(in der Saison Di–Fr 9–17 Uhr, sonst Mo–Fr 10–16 Uhr).*

GÓRA CZTERECH WIATRÓW

Insider Tipp

Einer der schönsten Aussichtspunkte der Masurischen Seenplatte liegt auf

> BÜCHER & FILME

Reisen durch ein liebenswertes, wunderschönes Land

> **So zärtlich war Suleyken** – In seinen liebenswert-skurrilen Erzählungen hat Siegfried Lenz der versunkenen Welt Ostpreußens ein literarisches Denkmal gesetzt.

> **Masuren – Ostpreußens vergessener Süden** – Ein fundierter Abriss masurischer Geschichte. Hervorragend recherchiert und unterhaltsam geschrieben von dem jungen Historiker und Slawisten Andreas Kossert.

> **Ritt durch Masuren** – In ihrem Reisebericht von 1941 beschreibt die damals 32-jährige Marion Dönhoff einen langen Reitausflug mit ihrer Cousine Sissi Lehndorf durch die wunderschöne Johannisburger Heide. Auch als Hörbuch erschienen.

> **Reise nach Nikolaiken** – Arno Surminski, 1937 in Jäglak (Jegławki) geboren, spinnt in seinen Erzählungen einen herrlich nostalgischen Faden aus dem Jetzt zurück in das versunkene Einst Ostpreußens. Eine wunderbare Reiselektüre.

> **Schattenland** – Filmemacher Volker Koepp begegnet in Masuren Menschen, die nach dem Zweiten Weltkrieg im „Land der dunklen Wälder“ gestrandet sind: Polen und Ukrainer, die ihr Auskommen als Bauern und Fischer suchen – in einer Region, die trotz Tourismus zu den ärmsten Europas zählt.

> **Masuren** – Die Reisereportage des Dokumentarfilmers Wolfgang Wegner zeichnet mit wundervollen Naturaufnahmen ein faszinierendes Bild dieser geschichtsträchtigen Landschaft und ihrer Bewohner. Sehenswert vom gleichen Autor ist auch **Ostpreußens Zauberwald – Begegnungen in der Rominter Heide.**

der Halbinsel, die in den Jezioro Czos, den Schoß-See, hineinragt. Vom höchsten Punkt aus hat man einen Panoramablick in alle Himmelsrichtungen. Nicht umsonst heißt diese Stelle „Berg der vier Winde“. Am besten gelangt man über einen Feldweg dorthin, der von der Straße Mrągowo–Mikołajki nach ca. 4 km abzweigt.

ESSEN & TRINKEN

LA STALLA

Italienisches Restaurant im restaurierten alten Rathaus. Hier gibt es die beste Pizza der Stadt, im Sommer sitzt man sehr gemütlich im alten Ratshof. *Tgl.* | *Mały Rynek 1* | *Tel. 089/741 44 47* | €€

STARA CHATA (ALTE KATE)

Eingerichtet wie ein Wirtshaus aus alten Tagen mit Holzbalken an der Decke und ausladendem Buffetschrank. Polnische und europäische Küche. *Tgl.* | *ul. Warszawska 9* | *Tel. 089/741 45 02* | €€€

ÜBERNACHTEN

MERCURE MRONGOVIA

Großhotel mit allem Drum und Dran moderner Touristentempel: Schwimmbäder, Saunen, Solarien, Spa- und Fitnesscenter. Das Mrongovia liegt nahe dem Nordufer des Schoß-Sees (allerdings durch eine Straße von ihm getrennt). *215 Zi.* | *ul. Giżycka 6* | *Tel. 089/741 32 21* | *Fax 741 32 20* | *www.mercure.com* | €€€

PENSJONAT EDYTA

Zu der modernen Villa gehört ein großer Garten, der zu einem Fischteich mit Bootsanlegestelle führt. Auf Wunsch auch Halb- oder Vollpension. *15 Zi.* | *ul. Laskowa 10* | *Tel. 089/741 43 66* | *www.edytapensjonat.republika.pl* | €€

Der Brunnen von Mrągowo dient an heißen Tagen der Erfrischung

AUSKUNFT

TOURISTENINFORMATION

Vermittlung von Privatzimmern, Tourentipps, Stadtplan. *ul. Warszawska 26* | *Tel. 089/741 80 39* | *www.it.mragowo.pl*

ZIEL IN DER UMGEBUNG

SZESTNO (SEEHESTEN) [111 D5]

In dem Dorf (6 km nördlich von Mrągowo) steht eine der kulturgeschichtlich bedeutendsten Kirchen Masurens: die um 1450 erbaute Insider Tipp *Seehestener Kreuzkirche*. Ihr wuchtiger gotischer Turm mit den bis zu 2,5 m dicken Außenmauern erinnert

Ihre Flügel drehen sich schon lange nicht mehr: die alte Windmühle oberhalb von Ryn

an bewegte Ordenszeiten, als Gotteshäuser im eben erst christianisierten Land noch Wehrburgen ähnelten. Im Inneren blieb viel Ausstattung aus vorreformatorischer Zeit erhalten, so eine gotische Skulpturengruppe und die Darstellung des Totentanzes an der Decke. Berühmt ist die Kirche aber für ihren kostbaren Hochaltar, in dem unter anderem Martin Luther und Schwedenkönig Gustav Adolf dargestellt sind. *Die Kirche steht für Besucher offen, Schlüssel im Pfarrhaus oder beim Küster (im Haus mit dem Lebensmittelladen)*

RYN (RHEIN)

[111 E5] **Jahrzehntelang führte Rhein, das heutige Ryn, ein masurisches Aschenputteldasein. Die Häuser wirkten grau und heruntergekommen.** Noch trauriger stand es um die alte *Ordensburg* auf einem Hügel über der malerisch zwischen zwei Seen eingebetteten Stadt. Es war aber kein Prinz, der sie wachgeküsst hat, sondern der Hotelier Andrzej Dowgiałło mit seiner millionenschweren Firma. Seit Sommer 2006 thront die Burg, eines der größten Bauwerke der Ordenszeit in Europa, wie ein Juwel über der Stadt. In dem riesigen Backsteinbau wurden ein Viersternehotel und ein Kongresszentrum eröffnet. Einmal modern aufbereitetes Mittelalter probieren, sich im Burgrestaurant verwöhnen lassen oder einfach einen Blick hinter die mächtigen Mauern wagen, lohnt sich. Dem Ort (3200 Ew.) bekam die Finanzspritze durch den Verkauf der Burg sichtlich gut. EU-Zuschüsse taten ein Übriges. Viele Fassaden erhielten frische Farbe, neue Bürgersteige wurden gepflastert, Uferwege mit Bänken laden zum Spazierengehen ein.

SEHENSWERTES

HOLLÄNDER-WINDMÜHLE

Wenn man die Hauptstraße Giżycko–Mrągowo entlangfährt, sieht man oben auf einem Berg eine Holländer-Windmühle aus dem 19. Jh. Sie kann leider nur von außen besichtigt werden. Von der Mühle aus hat man einen schönen Blick aufs Tal und den Ryńskie-See.

ESSEN & TRINKEN

KARCZMA U WALLENRODA

Das ruhig am See gelegene Gasthaus zitiert den Namen eines preußischen Kanzlers, doch auf den Tisch kommt hier deftige polnische Kost, Spezialität ist das große Wallenrodt-Kotelett. Man vermietet auch Fahrräder und 12 einfache Zimmer. *Tgl. | pl. Wolności 3a | Tel. 087/421 86 75 |* €€

PODZAMCZE (ZUR BURG)

Großer Saal mit langen Tischen und vergoldeten Stühlen. Auf der Karte stehen vor allem Fischgerichte, aber auch Wildspezialitäten. Abends wird oft zum Tanz aufgespielt. *Tgl. | pl. Wolności 1 | Tel. 087/421 80 73 u. 0602/82 02 62 |* €€

ÜBERNACHTEN

AGROTURYSTYKA

Ferien auf dem Bauernhof: In einer Gartenvilla am Ryńskie-See gibt es einige Doppelzimmer mit Bad. Kajak- und Segelbootverleih. *ul. Świerczewskiego 10 | Tel. 087/421 85 25 | wolczek@friko.onet.pl |* €

ZAJAZD POD KASZTANAMI

Das „Hotel unter den Kastanien" am Ortsausgang in Richtung Mrągowo ist eine Alternative für alle, denen das Schloss eine Nummer zu fürstlich ist. 40 günstige Zimmer, masurische Küche. *ul. Partyzantow 5 | Tel. 087/421 85 40 | Fax 421 85 39 |* €€

ZAMEK

Kemenaten heißen die Zimmer im neuen Burghotel stilgerecht mittelalterlich, doch auf modernen Viersternekomfort muss in ihnen niemand verzichten. Neben Sauna, Solarium und mehr birgt das gotische Gemäuer einen Swimmingpool im Gewölbekeller und eines der besten Restaurants Masurens. *147 Zi. | pl. Wolności 2 | Tel. 089/429 70 00 | Fax 429 70 01 | www.zamekryn.pl |* €€€

FREIZEIT & SPORT

Auf der Burg finden die verschiedensten ▶▶ Veranstaltungen rund ums Rittertum statt. Geplant ist auch ein Mittelalter-Kulturfestival, es soll immer Ende Juli stattfinden. Informationen unter *www.zamekryn.pl*

AUSKUNFT

AGENCJA TURYSTYKI I PROMOCJI KOMTUR

Woźnice 74 | K. Mikołajek | Tel./Fax 087/420 72 44 u. Tel. 0603/60 40 89 | www.biesiady.prv.pl. Informationen auch unter *www.ryn.pl*

ZIEL IN DER UMGEBUNG

SĄDRY (ZANDERN) ★ [111 E5]

Knapp 6 km westlich von Ryn haben Krysztyna und Dietmar Dickti in Sądry ein kleines Privatmuseum eingerichtet: die *Chata Mazurska* – das „Masurische Bauernhaus". Gesammelt hat das Ehepaar viele alte Hausgeräte und Möbel, wie sie für masurische Bauernhäuser typisch sind. Damit wurde ein 200 Jahre altes Haus eingerichtet. In der Scheune haben Gerätschaften und landwirtschaftliche Maschinen einen Platz gefunden. Krysztyna Dickti, eine echte Masurin, betreibt auch eine kleine Pension mit 12 gemütlichen Zimmern und einer wahrhaft üppigen Verpflegung mit deftiger masurisch-ostpreußischer Hausmannskost. *Sądry 3 in Użranki | Tel./Fax 089/ 742 36 11 | Museum tgl. 10–18 Uhr*

SZTYNORT (STEINORT)

[111 F3] **Wer mit dem Segelboot oder dem Schiff vom Jezioro Sztynorckie, dem Steinorter See, aus Sztynort ansteuert, dem bietet sich ein wunderschöner Blick vom See hinauf zum ★ *Schloss Steinort*, dem ehemaligen Wohnsitz der Grafen Lehndorff.** Doch je näher man kommt, umso mehr erweist sich diese schöne Vorstellung als Trugbild. Neben den Wirtschaftsgebäuden, die von einem Yachtverleih restauriert wurden, wirkt das einst so herrliche Schloss, das mit seinem prachtvollen englischen Landschaftspark zu den schönsten Adelssitzen in Ostpreußen gehörte, umso baufälliger.

Der letzte deutsche Besitzer, Heinrich Graf von Lehndorff, hatte während des Zweiten Weltkriegs der Widerstandsbewegung angehört und das Attentat auf Hitler mit vorbereitet. Nach dem Scheitern des Attentats in der knapp 20 km entfernten Wolfsschanze konnte Graf Lehndorff durch einen Sprung aus dem Fenster der Gestapo entkommen. Später wurde er jedoch gefasst und 1944 ermordet. Außenminister Joachim von Ribbentrop, der bereits 1941 seine Residenz nach Schloss Steinort verlegt und den eigentlichen Eigentümern, den Lehndorffs, einen Seitenflügel zugewiesen hatte, requirierte zwar das Schloss nach dem Attentat, verließ es jedoch im November 1944.

Nach dem Krieg nutzte die Sowjetarmee das Gebäude als Sammelstelle für deutsche Kunstsammlungen, Möbel und wertvolle Gegenstände, die später weiter nach Russland transportiert werden sollten. Danach übernahm eine landwirtschaftliche Produktionsgenossenschaft das Schloss und seine Ländereien. Über Jahrzehnte hinweg wurde nichts renoviert oder ausgebessert.

Das über 400 Jahre alte Schloss, das von Tartaren verwüstet und danach im Stil des Barock wieder aufgebaut worden war, hat alle Kriege weitgehend unbeschädigt überstanden. Inzwischen steht es kurz vor dem Einsturz, doch seit Kurzem gibt es Hoffnung: 2009 erwarb die „Deutsch-Polnische Stiftung Kulturpflege und Denkmalschutz" das Schloss. Umfangreiche Sanierungsmaßnahmen sind geplant, nach deren Abschluss soll Steinort als Begegnungsstätte dienen

SEHENSWERTES

MAUSOLEUM UND FRIEDHOF DERER VON LEHNDORFF

Man das Schloss selbst nicht besichtigen, doch durch den verwilderten, aber immer noch schönen Park führt ein Weg zum Friedhof und zur Grabkapelle der Familie von Lehndorff, von denen allerdings nur schwer zu findende Reste übrig sind.

ÜBERNACHTEN

WILLA HARSZ

Idyllisch am Ufer des Harsz-Sees (5 km östlich von Sztynort) gelegene, von freundlichen Leuten geführte Familienpension mit Restaurant und sechs geräumigen, mit viel Naturholz möblierten Zimmern unterm Dach. Auf Wunsch werden Touren mit einem kleinen Ausflugsschiff (von Węgorzewo aus) organisiert. *Harsz 22 | Tel. 087/427 59 47 | www.willaharsz.pl* | €€

ZIEL IN DER UMGEBUNG

MAMERKI (MAUERWALD) [111 F3]

Im sogenannten Mauerwald befand sich während des Zweiten Weltkriegs das Hauptquartier des Oberkommandos des Heeres, tief im Wald versteckt am Ufer des Masurischen Kanals und nur 18 km östlich von der Wolfsschanze bei Kętrzyn (Rastenburg). Ist schon der Komplex dort mit etwa 80 Bunkern riesig, so steht man geradezu fassungslos vor der ehemaligen Bunkerstadt der Wehrmacht: Über 200 Bunker, Schuppen und Garagen befinden sich im Wald zwischen dem Jezioro Mamry, dem Mauersee, und der Bahnstrecke Kętrzyn–Węgorzewo. Anders als die Wolfsschanze ist die Bunkerstadt der Wehrmacht beim Näherrücken der Front nicht in die Luft gesprengt worden. Sie kann heute mithilfe eines Plans besichtigt werden. Die Wege sollte man möglichst nicht verlassen.

WĘGORZEWO (ANGERBURG)

[111 F2] **Der Jezioro Mamry, der Mauersee, ist so groß, dass hier nicht nur Wasserskiläufer über Schanzen preschen können.** Windsurfer und Segler nutzen die frische Brise, und Ausflugsschiffe kreuzen über den See, ohne dass der Eindruck entstünde, es sei eng oder laut. In der Nähe dieses

Die Landschaft um den Mauerwald verbirgt viele Wehranlagen aus dem Zweiten Weltkrieg

zweitgrößten polnischen Sees liegt das 13 000-Seelen-Städtchen Węgorzewo.

„Die Pforte nach Masuren" nannten die Königsberger das kleine Angerburg einst, denn hier beginnt die weite, herrliche Wasserstrecke über die Großen Masurischen Seen. Heute zieht sich zwischen dem polnischen Węgorzewo und dem russischen Kaliningrad eine Staatsgrenze hin. In der Nähe von Węgorzewo liegt ein interessantes Naturschutzgebiet, die Insider Tipp „Sieben Inseln". In Sumpf- und Moorgebieten, wild bewachsenem Brachland und Laubwäldern kann man hier mit dem Fernglas auf die Pirsch gehen und so seltene Vögel wie den Nachtreiher beobachten, den Fischadler und den Schwarzstorch, aber auch Kraniche, Wildgänse und Kormorane. Seit einigen Jahren leben hier sogar wieder polnische Wildpferde.

SEHENSWERTES

MUZEUM KULTURY LUDOWEJ ▶▶

Das Museum der Volkskultur ist über die Grenzen der Stadt hinaus bekannt, da hier nicht nur das übliche Kunsthandwerk der Gegend gesammelt und gezeigt, sondern die Volkskultur aktiv gepflegt wird. Insider Tipp Im Museumsládchen haben Sie die Qual der Wahl unter landestypischen Souvenirs: eine der schrägen Schnitzfiguren oder den mit bunten Bauernmotiven bemalten Tonteller? *ul. Portowa 1 | Mo–Fr 8–18, Sa, So 10–15 Uhr*

ORDENSBURG

Beim ersten Hinsehen erkennt man nicht, dass es sich um eine Burg handelt. Das mitten in der Stadt am Młynski-Kanal gelegene ockerfarbene Gebäude erinnert eher an eine Kaserne oder einen großzügig geplanten Wohnblock. Tatsächlich hatten die Ordensritter nach der Vertreibung der Pruzzen im 14. Jh. keine Wehrburg mit Verteidigungsanlagen gebaut. Im 15. Jh. verpfändeten sie das Gebäude und zogen wieder davon. Die Burg kann nur von außen besichtigt werden.

ESSEN & TRINKEN

KARCZMA

Eingerichtet wie eine echte Dorfkneipe. Viel Fisch, aber auch Fleischgerichte und Piroggen. *Tgl. | ul. Zamkowa 10 | Tel. 087/427 32 23 |* €€

ÜBERNACHTEN

FERIENDORF MAMRY

Die schicke neue Feriensiedlung aus 15 bunten skandinavischen Holzhäusern mit allem Drum und Dran wirkt noch etwas steril, doch die Lage auf einer Halbinsel über dem Mauersee ist so malerisch, dass man sich wie auf dem „Balkon von Masuren" fühlt. Zum Park gehört ein gemütliches altmasurisches Gasthaus. *Trygort 132 | Tel. 087/427 03 43 | Fax 427 03 44 | www.sealand-travel.com* | €€€

PENSJONAT NAUTIC

Die bunte Villa liegt direkt am Młynski-Kanal. Es gibt einige Einzel- und Doppelzimmer, außerdem Apartments mit Küche sowie ein Apartment mit eigenem Garten und Schwimmbad. Restaurant mit Terrasse. *11 Zi. | ul. Słowackiego 14 | Tel./Fax 087/427 20 80 | www.nautic.pl* | €€€

FREIZEIT & SPORT

SCHIFFSAUSFLÜGE

Der kürzeste Schiffsausflug mit der „Weißen Flotte" auf dem Mauersee dauert etwa anderthalb Stunden. Von Węgorzewo aus können Sie aber auch Tagesfahrten zum Beispiel nach Giżycko unternehmen – mit mehreren Zwischenstopps, bei denen Sie kleinere Orte besichtigen können. *www.zeglugamazurska.com.pl*

AUSKUNFT

TOURISTENINFORMATION

Reservierung von Hotelzimmern und Privatquartieren, Schiffsfahrkarten Yachtcharter. *pl. Wolności 11 | Tel./ Fax 087/427 40 09 | www.wegorzewo.pl*

ZIEL IN DER UMGEBUNG

POZEZDRZE (GROSSGARTEN) [112 A3] Insider Tipp

Mancherorts in Masuren wimmelt es nur so von Bunkern und Wehranlagen aus beiden Weltkriegen. 11 km südlich von Węgorzewo stößt man z. B. auf die sogenannte *Schwarzschanze (Czarny Szaniec),* das Feldquartier des Reichsführers der SS, Heinrich Himmler. Auch diese neun Bunker und Garagen versuchten die Deutschen beim Näherrücken der Roten Armee zu sprengen. Dies aber gelang nur unvollständig, und so sind die Bunkerruinen bis heute zu besichtigen. Es gibt keine Führungen. Eine kleine Broschüre und einen Plan der Bunker erhält man z. B. an den Kiosken in der Wolfsschanze.

Abendstimmung am Mauersee: Ein Weißstorch strebt seinem Nest zu

> HIMMLISCHE RUHE UND VIEL NATUR

Im Mazury Garbate, dem „buckligen Masuren", eröffnen sich viele Fernblicke auf ein sanftes, stilles Land

> Etwas abseits der großen Masurischen Seen liegen die Städte Ełk (Lyck), Gołdap und Olecko (Treuburg). Von hier aus ist es nur ein Katzensprung nach Russland, in den Bezirk Kaliningrad, nach Litauen und Weißrussland. Im Osten Masurens beginnt das „sibirische Polen", wie der Volksmund die Gegend mit den sehr kalten und langen Wintern nennt.

Im Sommer lassen sich in den Naturreservaten Urlauber von Ornithologen die Stimmen seltener Vögel erklären. Der Osten der Masurischen Seen ist für diejenigen genau richtig, die dem Großstadttrubel gänzlich entfliehen wollen.

EŁK (LYCK)

[117 D–E 1–2] **Die im östlichen Grenzgebiet Masurens liegende Stadt mit ihren rund 45000 Ew. hat an Sehenswürdigkeiten nicht viel zu bieten.** Die *Ritterburg* auf einer der Inseln wird seit Jahren

Bild: Ełk, Schmalspurbahn

DER OSTEN

renoviert, und die beiden sehenswerten *katholischen Kirchen* erinnern merkwürdigerweise vor allem daran, dass Ełk einst eine Hochburg des masurischen Protestantismus war: Hier wurden die ersten polnischsprachigen Bibeln gedruckt. Die geschäftige Stadt empfiehlt sich als Ausgangspunkt für Ausflüge in die hügeligen Landschaften im nordöstlichen Teil Masurens. Längs des *Ełkie-Sees* lädt eine kleine Uferpromenade zum Flanieren ein. In Ełk kam 1926 der Schriftsteller Siegfried Lenz zur Welt. Er hat dem Vorkriegsleben in seiner Heimat in nostalgisch-skurrilen Erzählungen ein literarisches Denkmal gesetzt, am schönsten in „So zärtlich war Suleyken".

SEHENSWERTES

SCHMALSPURBAHN ★

Wenn die schnaubende kleine Dampflok gemächlich durch die

EŁK (LYCK)

Schöne alte Bäume beschatten die lauschige Promenade am Jezioro Ełkie in Ełk

sanfte Wald- und Wiesenlandschaft zuckelt, fühlt man sich glatt in die Lenz-Erzählung „Eine Kleinbahn namens Popp" zurückversetzt. Auf der 1910–17 gebauten Strecke (75 cm Spurweite) erreicht man innerhalb von einer Stunde *Zawady (Sawaden)* im Südosten von Ełk oder in zwei Stunden *Turowo (Thurowen)* im Nordwesten. *(Juni–August jeden Sa 10 Uhr ab Ełk | 15 Zł.).* Man kann schon für eine kleine Gesellschaft Insider Tipp Sonderfahrten buchen mit Zwischenstopp für ein Picknick am See.

Das 1918 erbaute Betriebswerk des Bahnhofs Ełk ist heute ein *Freilichtmuseum,* in dem vier alte Dampflokomotiven auf Schmalspurfans und andere Bewunderer warten. *Information: ul. Wąski Tor 1 | Tel. 078/610 00 00*

ESSEN & TRINKEN

RESTAURACJA MAŁA

Kleines Restaurant, an den Wänden ambitionierte Kunstfotografie, es gibt köstliche Fleischgerichte und Piroggen; abends Pub mit Musik. *ul. Wojska Polskiego 72 a | Tel. 087/ 610 80 05 |* €€€

SMĘTEK

Rustikaler Pub am See, zu dem auch ein Sommerlokal auf einem Marina-Steg gegenüber gehört – hier gibt's frischen gegrillten Fisch. Das Smętek vermietet auch fünf schöne Zweizimmer-Apartments. *ul. Pułaskiego 19 | Tel. 087/619 66 25 | www.smetek.pl |* €€

ÜBERNACHTEN

HOREKA

Schön an der Uferpromenade gelegen; die meisten der mit viel Naturholz praktisch möblierten Zimmer hinter der (imitierten) Fachwerkfassade bieten Seeblick. Im Erdgeschoss locken abends das gemütliche kleine *Pub-Restaurant Hesta,* am See eine Sommerbar. *29 Zi. | ul. Wojska Polskiego 63 | Tel. 087/621 37 67 | www.horeka.elk.com.pl |* €€€

HOTEL RYDZEWSKI

Modernes Hotel im Zentrum mit zwei Restaurants und Gartenterrasse. Alle Zimmer mit Satelliten-TV, Minibar und Telefon. *30 Zi. | ul. Armii Krajowej 32 | Tel. 087/621 60 53 | www.rydzewski. pl |* €€

FREIZEIT & SPORT

KANUTOUR

Durch Ełk und durch mehrere Seen führt eine interessante Paddelstrecke, an die sich aber nur erfahrene Paddler wagen sollten, da oftmals im Wasser liegende Bäume und Findlinge umschifft werden müssen. Der Fluss Ełk entspringt im Borkener Forst, fließt durch die Stadt und mündet dann in den Fluss Biebrza.

SPASSBAD

Großes Schwimm- und Spaßbad mit Fitnessclub, Sauna, Solarium, Aqua-Aerobic und Internetcafé. *ul. Piłsudskiego 29 | Mo–Fr 6–22, Sa, So 8–22 Uhr*

AUSKUNFT

INFORMACJA TURYSTYCZNA

ul. Armii Krajowej 58a | Tel. 087/621 70 10 | www.elk.pl

ZIELE IN DER UMGEBUNG

OSTRYKÓŁ (OSTROKOLLEN) ★ [117 E3]

Knapp 15 km südlich von Ełk liegt das Dorf Ostrykół, in dem eine *Holzkirche* von 1667 steht, die samt ihrer altertümlichen Innenausstattung – sehenswert sind vor allem der Taufengel und die Hirschkopfleuchter aus dem 18. Jh. – alle Kriegswirren unbeschadet überstanden hat. 1990 wurde sie umfassend renoviert. Die Kirche in Ostrykół ist eine von nur zwei erhaltenen Holzkirchen in Masuren.

STARE JUCHY (ALT FLIESSDORF) [112 C5]

In Stare Juchy, rund 12 km nordwestlich von Ełk, liegt bis heute ein eiszeitlicher Findling, der einst den Ureinwohnern Masurens als Opferstätte gedient hat. Selbst im 16. Jh. sollen hier noch Nachfahren der pruzzischen Sudauer althergebrachte kultische Feste mit Tieropfern gefeiert haben. Um diesen heidnischen Bräuchen entgegenzuwirken, wurde 1585 in Sichtweite des Opferplatzes eine Kirche errichtet.

In Stare Juchy gibt es ein herrlich gelegenes Landhaushotel der Spitzenklasse, das *Dwór Mazurski Morena,* Insider Tipp das auf einer Halbinsel im Jezioro Laśmiady, dem Laschmieden-See, errichtet wurde. Die Räume sind mit viel Holz großzügig und fantasievoll ausgestattet. Auch das Essen ist hervorragend. Sie können segeln, windsurfen, Kajak fahren, reiten, Beeren und Pilze sammeln und selbst gefangene Fische auf dem hauseigenen Grill zubereiten. *4 Zi., 4 Apts. | ul. Laśmiady 6 | Tel. 087/619 91 63 | Fax 087/619 92 45 | www.dmm.pl |* €€€

MARCO POLO HIGHLIGHTS

★ Ostrykół
In Ostrokollen steht eine Holzkirche von 1667 mit Hirschkopfleuchtern (Seite 79)

★ Schmalspurbahn
Siegfried Lenz verewigte eine Fahrt mit so einer Dampfeisenbahn (Seite 77)

★ Puszcza Romincka
Herrlich wandern in der wildreichen Rominter Heide (Seite 80)

★ Viadukte
Schön anzuschauen: die Eisenbahnbrücken von 1926 in Stańczyki (Seite 82)

GOŁDAP (GOLDAP)

[113 D1] **Gołdap liegt nur 4 km von der Grenze zur russischen Exklave Kaliningrad entfernt. Das Städtchen mit 14000 Ew. hatte über viele Jahre hinweg keinerlei Entwicklungschancen.** Erst seit 1993 gibt es einen Grenzübergang in Gusewie (für die Einreise in das Kaliningrader Gebiet ist ein russisches Visum nötig, das Touristen bereits in ihrem Heimatland beantragen müssen). Der Stadt hat die Öffnung gutgetan. Obwohl die Arbeitslosigkeit nach wie vor zu den höchsten im Land zählt, macht das Städtchen einen gepflegten Eindruck. Etwas weiter südlich ziehen sich die *Szeskie Wzgórza*, die *Seesker Höhen* hin, die immer neue überraschende Fernsichten auf die Seen- und Wälderlandschaft Nordostpolens bis hinüber nach Russland ermöglichen. Auch der 3 km lange, malerisch gelegene *Goldap-See* liegt mit seinem nördlichen Teil bereits im russischen Teil des ehemaligen Ostpreußens.

Wer will, kann an der grünen Grenze entlangwandern. Im Naturschutzgebiet der ★ *Puszcza Rominicka,* der *Rominter Heide,* sind Wanderwege gekennzeichnet, die den sogenannten Kaisersteinen folgen. Die Kaisersteine wurden zu Ehren der Jagdleistungen Kaiser Wilhelms II. aufgestellt, zum Beispiel 1912: „Erlegung des 2000. Rothirsches“ oder 1904: „Erlegung eines kapitalen Hirsches von 28 Enden“. Viele Wildtiere haben in der Heide ein Rückzugsgebiet gefunden, darunter Wölfe, Biber, Elche, Luchse, See- und Schreiadler.

>LOW BUDGET

> Eine Seilbahn in Masuren? Gibt's tatsächlich. Bei Gołdap, wo die Landschaft Mazury Garbate, „Buckliges Masuren" heißt, fährt ein Sessellift für wenige Złoty zum 272 m hohen *Piękna Góra (Schöner Berg)* hinauf, einem beliebten Wintersportzentrum und Aussichtspunkt. Die fast 1 km lange Fahrt ist ein Vergnügen. Die Fernsicht von oben: für ein Flachland grandios. Und außerdem gratis.

> Der über hundert Jahre alte *Wasserturm von Ełk* ist heute Treffpunkt der deutschen Minderheit der Region. Hier bekommt man nicht nur günstig Kaffee und Kuchen, sondern erfährt auch viel über das Leben in der Geburtsstadt von Siegfried Lenz einst und heute – aus erster Hand und einer besonderen Perspektive. *ul. 11 Listopada | im Sommer tgl. 10–16 Uhr, sonst Di, Fr 10–12 Uhr*

SEHENSWERTES

KANT-DENKMAL

Zu Ehren des in Königsberg lehrenden Philosophen Immanuel Kant, der seinen Freund Daniel Friedrich von Lossow um den Jahreswechsel 1765/66 besucht hatte, wurde im Stadtzentrum, hinter der Bank PKO, ein kleines Denkmal aufgestellt. Kant hat wegen seiner schwachen Gesundheit Königsberg nur wenige Male in seinem Leben verlassen.

ESSEN & TRINKEN

INSPIRATION

Populäre Pizzeria am zentralen Platz der Stadt, Fast Food und polnische

Alltagskost. *pl. Zwycięstwa 21 | Tel. 087/737 74 07* | €

JURAND

In dem gemütlich-rustikalen Restaurant des gleichnamigen Gästehauses wird polnisch aufgetischt, dazu gibt's regionale Spezialitäten wie *kartasze* (gefüllte Kartoffelklöße); im Sommer sitzt man schön im Garten. Etwas abseits in der Nähe des Stadions, bis zum Zentrum sind es 1,5 km. *ul. Stadionowa 3 | Tel. 087/ 615 49 35 | www.jurand.goldap.net* | €€

ÜBERNACHTEN

HOTEL JANCZES

Das kleine Hotel liegt direkt am Markt und besitzt ein kleines Restaurant. Alle 13 Zimmer besitzen TV und Telefon. Das Hotel besitzt einen Kleinbus und organisiert Ausflüge in die Umgebung. *pl. Zwycięstwa 22 | Tel. 087/615 13 77 | Fax 615 36 56 | www.janczes.spanie.pl* |€€

LEŚNY ZAKĄTEK Insider Tipp

Malerisch am Goldaper See gelegen, bietet dieser frisch renovierte Ferienkomplex alles für einen Masuren-Urlaub abseits des touristischen Trubels: gemütliche Zimmer und Apartments, Campinghütten, Spielplatz, einen eigenen Strand, Boots- und Fahrradverleih. *32 Zi. | ul. Wczasowa 9 | Tel./Fax 087/615 09 65 | www.lesny-zakatek.pl* | €€

Nicht nur Rothirsche haben in der Rominter Heide ein Refugium

FREIZEIT & SPORT

SAFARIPARK RUDZIEWICZ ▶▶ Insider Tipp

In den 90er-Jahren kaufte Tadeusz Rudziewicz ödes Brachland aufgelöster Staatsgüter, das niemand haben wollte, renaturierte es und flutete mittendrin ein ganzes Tal. Heute ist dies eine der fischreichsten Seen Nordmasurens. Rudziewicz setzte Hunderte Hirsche und Mufflons aus und gründete einen Wildpark, in dem Touristen auf Fotosafari gehen können. Ein Gasthaus kam hinzu, Skilifte für den Wintersport. Das daraus gewachsene Sport- und Erholungszentrum *Zum Schönen Berg* bietet auch ein umfangreiches Ausflugsprogramm. *Zajazd Piękna Góra | Konikowo 11 | Tel. 087/615 49 43 | www.zajazd-rudziewicz.pl*

AUSKUNFT

TOURISTENINFORMATION

pl. Zwycięstwa 16 | Tel./Fax 087/615 20 90 | www.turystykagoldap.pl

ZIELE IN DER UMGEBUNG

RAPA (KLEINANGERAPP) [112 B1]

Vor dem Dorf, 27 km westlich von Gołdap direkt an der Grenze zu Kaliningrad, steht 250 m von der Straße entfernt eine Pyramide im Wald. Das Bauwerk entsprang der Leidenschaft Graf Fahrenheids für das klassische Altertum. Die Familie hatte das Dorf Kleinangerapp mitsamt Ländereien Anfang des 18. Jhs. gekauft und im nahen Beynuhnen einen neoklassizistischen Palast gebaut. Nach dem Tod der drei Jahre alten Tochter Ninette 1811 ließ Graf Friedrich Heinrich Fahrenheid 5 km vom Palast ein 10 m hohes Grabmal in Form einer ägyptischen Pyramide bauen. Darin wurde das Kind bestattet, später weitere Familienmitglieder, so auch der Graf selbst. Das Grab wurde 1915 und 1945 von Russen geplündert.

Insider Tipp

STAŃCZYKI (STAATSHAUSEN) [113 F1]

Die Pläne für die römisch anmutenden ★ *Viadukte* über das Flüsschen Błędzianka (Blinde) gehen auf das Jahr 1905 zurück. Baubeginn war aber erst 1910, feierlich eingeweiht wurden die beiden Eisenbahnbrücken im Jahr 1926. Ungewöhnlich sind für jene Zeit nicht nur die Höhe (42 m) und die Länge (182 m), sondern auch die Bautechnik. Die acht Pfeiler der nebeneinander stehenden Brücken wurden aus sogenanntem Holzbeton gegossen: In den Pfeilern stecken zur Stärkung und Stabilisierung des Bauwerks massive Baumstämme. Dennoch wurde 1927 nur eine der beiden Brücken in Betrieb genommen. Über die andere ist niemals ein Zug gefahren, da die Konstruktion am Ende doch als zu instabil galt.

Von den Viadukten aus – sie liegen 25 km östlich von Gołdap und sind die höchsten diesen Typs in Polen – hat man einen herrlichen Panoramablick auf die Rominter Heide. Das Areal um die Viadukte ist mittlerweile in Privatbesitz und eingezäunt. Wer die imposanten Brücken besichtigen will, muss 2 Zł. Eintritt zahlen.

OLECKO (TREUBURG)

[113 E4] **Das 17 000-Ew.-Städtchen im Nordosten Masurens zieht Jahr für Jahr mehr Popfans an: „Haltestelle Olecko" heißt das Festival Ende Juli.** Wem der Rummel zu viel wird, der kann in den nahen *Wigry-Nationalpark* mit seiner artenreichen Flora und Fauna flüchten. Olecko liegt wunderschön am Jezioro Olecko, dem Oletzkoer See, im *Mazury Garbate,* dem *Buckligen Masuren.* In dieser Landschaft wechseln sich sanft geschwungene Hügel mit Tälern und schön gelegenen Dörfern ab.

ESSEN & TRINKEN

RESTAURACJA I HOTEL COLOSSEUM

Zu den Spezialitäten im Restaurant des komfortablen Spa-Hotels gehören gebackener Zander, knusprige Kartoffelpuffer und deftige Piroggen. *ul. Gołdapska 12 | Tel. 087/520 26 43 | www.hotelcolosseum.pl* | €€

ÜBERNACHTEN

DWOREK MAZURSKI

Das Hotel *Masurischer Hof* liegt etwas außerhalb von Olecko am Olecko Wielkie, dem Großen Treuburger See, und hat 140 Übernachtungsplätze im Hotel sowie in Camping-Holzhäuschen. Kleines Restaurant und Café. Verleih von Segelbooten und Wassersportgeräten. *Tel. 087/520 22 92 | Fax 087/520 48 70 | www.dworek.olecko.pl* | €

HOTEL MAZURY

Das 45-Zimmer-Hotel liegt am Rand des Stadtparks, etwa 300 Meter vom Seeufer entfernt. Alle Zimmer mit TV. Im kleinen Restaurant werden vor allem regionale Gerichte serviert. Fahrradverleih. *ul. Gołdapska 10a | Tel. 087/520 40 50 | www.mazury-centrum.com.pl* | €€

AUSKUNFT

TOURISTENINFORMATION

pl. Wolności 22 | Tel. 087/520 20 59 | www.olecko.pl

Wigry-Nationalpark: Hier leben Biber und Wölfe, Schwarzstörche und Seeadler

> PADDELN, WANDERN, RADELN

Natur pur: Erkunden Sie eine wundervolle, malerische Landschaft von allen Seiten

Die Touren sind auf dem hinteren Umschlag und im Reiseatlas grün markiert

1 WASSERWANDERN AUF DER KRUTYNIA

Auch wenn die Kajakwanderstrecke auf dem kleinen Fluss Krutynia sehr beliebt ist, müssen Sie selbst in der Sommersaison nicht befürchten, ständig im Kajakstau zu stehen. Entlang der rund 100 km langen Strecke, die auch ohne große Erfahrung gut in acht bis zehn Tagen zu bewältigen ist, exstiert eine gute Infrastruktur – Bootsanleger mit Zeltmöglichkeiten, Imbissbetriebe und dergleichen. Die hier vorgeschlagene Strecke ist für neun Tage auf dem Wasser berechnet und kann durch „Landtage" verlängert oder durch die Zusammenlegung von Etappen verkürzt werden.

Die Strecke beginnt in **Sorkwity** *(Sorquitten, S. 35)*. Hier können Sie sich in der am Ufer des **Lampacki-Sees** gelegenen Unterkunft der Touristikorganisation PTTK ein Kanu ausleihen und sich dann auf die 16 km

Bild: die Krutynia

AUSFLÜGE & TOUREN

lange erste Etappe begeben. Zunächst einmal geht es in südöstlicher Richtung bis zur Mitte des Sees, wo Sie sich in Ufernähe halten sollten, um nicht die kleine Wasserenge zu übersehen, die den Durchgang zum **Lampasz-See** bildet. An dessen Ende folgen Sie links dem Verlauf des *Sobiepanka-Flusses*. Wenn der Wasserspiegel niedrig ist, müssen Sie Ihr Kanu hier umtragen. Andernfalls gleiten Sie mit der Strömung in den **Kujno-See**, steuern dort in Richtung Südosten und erreichen den Fluss *Grabienka,* der wiederum in den 3,5 km langen **Dłużec-See** führt. Nun haben Sie die erste Tagesetappe schon fast bewältigt. Ein kleiner Durchgang verbindet den Dłużec-See mit dem **Jezioro Białe (Weißer See)**, wo Sie am rechten Seeufer bereits nach den Spitzdächern der **PTTK-Station Bieńki** Ausschau halten können, wo Sie übernachten.

Am zweiten Tag können Sie sich Zeit lassen – die Etappe ist nur 10 km lang. Am rechten Ufer des Sees folgen Sie dem *Dąbrówka-Fluss* 1,5 km lang, bis er in den **Gant-See** mündet. Am anderen Ende des schmalen Waldsees entspringt der Fluss *Babięcka Struga,* an dessen Ufer sich auf beiden Seiten das Dorf Babięta erstreckt. Für Sie ist allerdings bereits 500 m vor dem Dorf Schluss für heute: Mit der **PTTK-Station Babięta** haben Sie das Tagesziel erreicht.

Die 13,5 km lange Etappe des dritten Tages folgt zunächst weiter dem Lauf des *Babięcka Struga.* Über den Mühldamm müssen Sie Ihr Kanu wieder tragen, dann geht es mit der Strömung in den nördlichen Teil des **Großen Zyzdrój-Sees**, der sich über 6 km erstreckt und in den **Kleinen Zyzdrój-See** übergeht. An dessen südlichem Ende gelangen Sie über eine kleine Bucht zu einer Schleuse, die aber nicht mehr in Betrieb ist – Sie müssen Ihr Kanu etwa 100 m weit umtragen, ehe Sie es auf der rechten Seite der Schleuse im Fluss *Spychowska Struga* wieder einsetzen können. Nach 2,5 km erreichen Sie am linken Ufer die **PTTK-Station Spychowo**.

Am vierten Paddeltag (11,5 km) geht es zunächst ein kurzes Stück durch den **Spychowski-See**. Halten Sie sich konsequent links, dann können Sie den Zufluss des *Spychowska Struga* nicht übersehen. Dem Flusslauf folgend, erreichen Sie nach 5 km den **Zdrużno-See**, in dem Sie sich rechts halten müssen. Über eine Bucht am östlichen Seeufer gelangen Sie in den **Ublik-See**, der zu den schönsten auf dieser Strecke gehört. Am nördlichen Seeufer müssen Sie sich erneut rechts halten, um nicht die Wasserenge zu verpassen, die den Ublik-See mit dem **Mokre-See** *(S. 40)* verbindet. In nordöstlicher Richtung befindet sich dort nach 1 km die **PTTK-Station von Zgon**.

Durch den Mokre-See beginnen Sie Ihren fünften Tag im Kanu mit einer 12,5 km langen Tagesstrecke. Mit seinen zahlreichen kleinen Inseln ist der See ein Refugium für viele Vögel. Halten Sie sich in Sichtweite des rechten Ufers. Etwa 1 km vor dem nördlichen Ende des Sees befindet sich eine Bucht, die an einer Sperre endet – hier müssen Sie das Kanu mal wieder umtragen, allerdings nur 20 m weit. Dann haben Sie das Südufer des mitten im Wald gelegenen **Krutyński-Sees** vor sich. Am östlichen Ende des schmalen Sees erreichen Sie den Fluss *Krutynia*, auf dem Sie heute aber nur 2 km zurücklegen. Am linken Ufer sehen Sie dann nämlich schon das Dorf **Krutyń** *(Krutinnen, S. 38).*

Krutynia pur heißt es auf 13,5 km am sechsten Tag der Kajakwanderung. Lediglich ein Mühldamm stoppt bei **Krutyński Piecek** die Paddelei, und Sie müssen das Boot etwa 100 m weit tragen. Einen Zwischenstopp sollten Sie in **Wojnowo** *(Eckertsdorf, S. 54)* einlegen. Danach kann es weitergehen bis zur PTTK-Station hinter **Ukta**.

Eine 6 km lange Kanustrecke folgt am siebten Tag weiter dem Lauf der Krutynia. Ziel dieser kurzen Tagesetappe ist die nächste PTTK-Station bei **Nowy Most**.

Nach 4 km heißt es am achten Tag, Abschied von der Krutynia zu nehmen. Der Fluss mündet in den **Gar-**

Mitten im malerischen Masuren: Am Ufer der Krutynia liegt der verträumte Weiler Ukta

dyńskie-See, in dem Sie sich scharf rechts halten müssen, um nicht den Zufluss in den **Malinówko-See** zu verpassen. Gleich an den Malinówko-See schließt sich der **Jerzewko-See** an, von dem Sie über den Fluss *Iznota* in den wunderschönen **Jezioro Bełdany** *(Beldahnsee, S. 52)* paddeln. Halten Sie Kurs aufs rechte Ufer, dann gelangen Sie nach insgesamt 9,5 km an die **PTTK-Station von Kamień**.

Den größten Teil der 12,5 km langen letzten Etappe verbringen Sie auf dem Beldahnsee. Kurz vor dessen südlichem Ende halten Sie sich links, bis Sie zur **Schleuse von Guzianka** *(S. 51)* kommen. Im **Kleinen Guzianka-See** angelangt, orientieren Sie sich rechts, damit Sie nicht die Wasserenge versäumen, die in den **Großen Guzianka-See** führt. Bleiben Sie weiter in der Nähe des rechten Ufers, bis Sie den Bootsanleger der Ausflugsboote von **Ruciane-Nida** *(Niedersee, S. 50)* sehen und 200 m weiter den Kanal erreichen, der den Großen Guzianka-See mit dem **Jezioro Nidzkie**, dem **Niedersee** *(S. 53)* verbindet. Immer am rechten Ufer des Niedersees entlang kommen Sie zu einer engen Bucht, an der der Schlusspunkt der Wanderung, die **PTTK-Station von Ruciane-Nida**, liegt.

2 WANDERUNG IM MASURISCHEN LANDSCHAFTSPARK

Mikołajki ist nicht nur ein Ort für Wassersportler. Der Mazurski Park Krajobrazowy, der Masurische Landschaftspark, lockt zum ausgiebigen Wandern: So führt ein 18 km langer Rundwanderweg von Mikołajki zum Vogelparadies am Jezioro Łuknajno, dem Lucknainer See, der von der Unesco zum Biosphärenreservat erklärt wurde. Dauer: sechs Stunden. Fernglas mitnehmen.

Das 7 km^2 große Reservat, zu dem Menschen keinen Zutritt haben, steht unter strengem Schutz. Aber von einer Aussichtsplattform aus können Vogelfreunde Höckerschwäne, Blesshühner und sogar Rohrdommeln und Kraniche beobachten. Auch Luchse und Waschbären haben sich im Reservat angesiedelt. Der Weg zu diesem Schutzgebiet beginnt in **Mikołajki** *(S. 42)* passenderweise in der *ul. Łabędzia,* der Schwanenstraße. Dort wird Ihnen auch klar, warum die Straße so heißt, denn der Lucknainer See beherbergt im **Reservat Łuknajno** die Insider Tipp größte Ansiedlung von Höckerschwänen in Polen – rund 1000 Schwanenpaare haben den See zu ihrer Heimat erkoren. Kurz vor Łuknajno kommen Sie an eine schmale Stelle zwischen dem Lucknainer See und dem Spirdingsee. Rechter Hand liegt das **Vogelreservat Czapliniec**, das Sie ebenfalls besuchen können. Der Weg zum Reservat Łuknajno zweigt jedoch links Richtung Norden ab. An der ornithologischen Forschungsstation können Sie vom Aussichtsturm mit einem Fernglas die gefiederten Bewohner des Reservats in Augenschein nehmen. Anschließend geht es über Feldwege vorbei am Forsthaus Leśny Dwór nach **Woźnice** (ausgeschildert) und von dort über ein Stück Landstraße zurück nach Mikołajki.

3 RADTOUR RUND UM MIKOŁAJKI

Ehrgeizige Radler probieren den 62 km langen Radwanderweg aus, der von Mikołajki (Nikolaiken) über Popielno, Galindia und Iznota wieder zum Ausgangspunkt zurückführt. Mit zum Programm gehört eine kurze „Seefahrt" mit der Fähre, und wer will unternimmt noch eine Wanderung durch die Johannisburger Heide. Die Fähre über den Beldahnsee verkehrt täglich zwischen 7 und 17 Uhr. Proviant nicht vergessen. Tages- oder Zweitagestour (mit Übernachtung im Zelt oder in Galindia).

Von **Mikołajki** *(S. 42)* geht es zunächst zum Fähranleger des **Beldahnsees** (Fähre alle 45 Minuten). Auf der anderen Seite des Sees führt die Strecke zunächst in das malerische Örtchen **Popielno** *(S. 53)* auf der Halbinsel zwischen dem Spirdingsee und dem Beldahnsee. In Popielno ist in einem Speicher ein kleines naturkundliches Museum untergebracht.

Mikołajki ist Ausgangspunkt für Seen-Kreuzfahrten mit der Weißen Flotte

Von Popielno aus lässt sich die **Johannisburger Heide** erkunden: An der Forschungsstation beginnen zwei Rundwanderwege von 6 km (blaue Markierung) und 10 km (rote Markierung) Länge durch den Wald, vorbei an Sümpfen und Moorseen. Und mit ein bisschen Glück sehen Sie sogar die in freier Wildbahn lebenden Tarpane, urtümliche Wildpferde, die in Popielno rückgezüchtet werden.

Der Radwanderweg führt nun von Popielno weiter in Richtung Ruciane-Nida mitten durch eines der schönsten Areale der Johannisburger Heide zwischen dem **Beldahnsee (Jezioro Beldany)** und dem **Warnoldsee (Jezioro Warnołty)**. Sie können auf der Asphaltstraße über **Wejsuny** weiterradeln oder nahezu parallel dazu auf der unbefestigten Strecke am **Forsthaus Kończewo** vorbei ebenfalls in südliche Richtung, kurz vor Ruciane-Nida treffen beide Routen wieder zusammen. Dort biegen Sie nun hinter der Schleuse Guzianka rechts ab und gelangen über Wygryny und Iznota nach **Galindia** *(S. 45)*, Ihr mögliches Etappenziel. Von dort führt ein Weg immer nah am Ufer des Beldahnsees entlang wieder zum Fähranleger und wieder zurück nach Mikołajki.

4 WANDERUNGEN IN DER PUSZCZA PISKA

Wanderfreunde können von Pisz aus auf unterschiedlich langen und markierten Wegen die ★ Puszcza Piska, die Johannisburger Heide erkunden. Das 1000 km² große Waldgebiet weckt bei Einheimischen und Besuchern Sammlertriebe – Heidelbeeren, Walderdbeeren und Pilze machen die Heide zur reich bestückten Vorratskammer. Zweistündiger Spaziergang bis Karwik, zwei bis drei Tage bis Wejsuny. Camping ist möglich (Zelt und Verpflegung mitnehmen).

Es lohnt sich nicht nur zur Beerenzeit oder wenn im Herbst die Pilze sprießen, bei einer Wanderung ein bisschen genauer hinzusehen. Etwa ein Dutzend Orchideenarten sind in der Heide heimisch, Rehe, Wildschweine und Rothirsche können vor allem in den frühen Abendstunden Ihren Weg kreuzen. Und mit viel Glück sehen Sie sogar einen der seltenen Seeadler oder Schwarzstörche, die nicht so häufig wie ihre weißen Vettern in Masuren nisten.

Ein mit roter Markierung ausgezeichneter Weg führt entlang des Jegliński-Kanals zur 9,5 km entfernten **Schleuse von Karwik**. Der 1845 erbaute Kanal verbindet den **Rosch-See (Jezioro Roś)** mit dem **Sexter See (Jezioro Seksty)**. Die Schleuse, ein interessantes Denkmal zur Industriegeschichte mitten in dieser ländlichen Region, gleicht den Höhenunterschied von 1 m zwischen beiden Seen aus. Im Dorf **Karwik** *(S. 49)* selbst gibt es Reitmöglichkeiten und Kutschfahrten durch die Heide.

Wenn Ihnen diese Wanderung zu kurz ist, können Sie der rot markierten Strecke noch weiter folgen – zunächst bis nach **Niedźwiedzi Róg** am südlichen Ufer des **Jezioro Śniardwy** *(Spirdingsee, S. 45)*, und dann westlich weiter zum **Naturreservat Jezioro Warnołty** und nach **Wejsuny** *(S. 54)*. Schlappmachen gilt aber nicht: Entlang dieser 30 km langen Strecke können Sie nämlich nur im mitgeführten Zelt an den Campingabschnitten der Seen übernachten.

EIN TAG RUND UM GIŻYCKO

Action pur und einmalige Erlebnisse.
Gehen Sie auf Tour mit unserem Szene-Scout

SÜSSER START

8:00

Schlemmerherzen schlagen höher: Im *U Adama* gibt's die besten Leckereien für einen zuckersüßen Start in den Tag. Aus Blätterteigteilchen mit Marmelade, knusprigen Windbeuteln mit Sahnefüllung und Co. wählen, auf die goldenen Stühle im Café setzen und genießen. Himmlisch! **WO?** *Kościuszki 10a, Giżycko | Tel. 087/428 26 95 | www.uadama.pl*

9:00

BIKETOUR

Nun wird die Gegend per Drahtesel erkundet. Mit einem Guide von *Andrus* radelt man über die Pfade im Hinterland: bis zum See Brożówka, an der alten Wasserschleuse Przerwanki entlang und zurück nach Giżycko. **WO?** *Zielona 12, Giżycko | Anmeldung unter andrus@send.pl | Kosten: 2 Euro/Std. | www.andrus.send.pl*

MEET THE ARTIST

11:30

Kreativität steht auf dem Programm. Im Atelier von Andrzej Morawski einem echten Künstler bei der Arbeit über die Schulter linsen. Der Bildhauer und Maler hat große Skulpturen für Brunnen und Parks geschaffen und erzählt gerne alles über seine Werke. Beim Fachsimpeln gibt er Tipps füs eigene Schaffen. **WO?** *ul. Mickiewicza 2, Giżycko | Tel. 087/428 32 10 | www.morawski.mazury.info.pl*

12:30

POLNISCHE HAPPEN

Loch im Bauch? Dann ab in die kleine *Tawerna Stranda* im Hafen. Einfach auf der schattigen Terrasse Platz nehmen, spontan etwas Unbekanntes aus der Speisekarte wählen und sich die Überraschung schmecken lassen. Kleiner Vorgeschmack gefällig? Besonders gut: Gegrilltes mit Knoblauchbrot. So luncht man in Masuren! **WO?** *Tawerna Stranda, al. Wojska Polskiego, Giżycko | Tel. 0501/12 26 10 | www.stranda.pl*

24 h

NATUR PUR

14:00

Ab ins 14 km enfernte Kruklanki! Wanderschuhe an und losstapfen. Der Lehrpfad führt am Seeufer entlang und durch den Wald. Tief durchatmen und die frische Luft in den Lungen spüren. Nebenbei erfährt man Facts über Flora, Fauna und die Wasser-Ökosysteme. Das ist Erholung plus geballtes Wissen! **WO?** *Start am Kruklanker Kulturcenter GOK Kruklanki, ul. 22 lipca 19 | Tel. 087/428 43 26 | www.gok.kruklanki.pl*

17:00

ADRENALINKICK

Am frühen Abend wird es nochmal aufregend. Nach 20 Minuten Fahrt erreicht man Węgorzewo. Im *Mazurskie Centrum Aktywnego Wypoczynku* heißt es, allen Mut zusammenzunehmen. Beim Abseiling von einem Hochhaus geht's gut gesichert steil nach unten. Tipp: in kleinen Sprüngen langsam nach unten rutschen lassen. Da steigt das Adrenalin! **WO?** *Jaracza 9, Węgorzewo | vorher anmelden: Tel. 0601/68 01 73 | Mai–Sept. | Kosten: um 10 Euro | www.mcaw.pl*

DINNER IM HAFEN

20:00

Lust auf ein romantisches Essen? Dann im *Aquarium* an den Tischen direkt am Wasser Platz nehmen. Von hier hat man einen tollen Blick über den Hafen. Lecker sind die Fischgerichte, wie gegrillter Zander mit Sommersalat. **WO?** *ul. Nadbrzeżna 11, Port Dalba, Giżycko | Tel. 087/428 59 05 | www.aquarium.mazury.info.pl*

23:00

TANZFIEBER

Der Tag ist noch lange nicht vorbei, und das Nachtleben wartet im *Canada Club* darauf, entdeckt zu werden. Lässige Beats und Lichteffekte ziehen früher oder später jeden auf die Tanzfläche. Kleine Pause zwischendurch gefällig? Dann ab auf die Galerie und das Partyvolk beobachten. **WO?** *ul. Moniuszki 13, Giżycko | Tel. 602/64 72 29 | www.canadaclub.com.pl*

> AUF DEM WASSER UND QUERFELDEIN

Wenn Sie sich nach Sonne, Wind und Wasser sehnen, dann ist das Land der tausend Seen im Norden Polens genau das Richtige

> Über 3000 Seen, die durch zahllose Flüsse und Kanäle miteinander verbunden sind, locken zu wildromantischen Segeltörns und Kanutrips, zum Wandern und Biwakieren an den Ufern, zu Querfeldeinritten, Kutschfahrten mit dem Zweispänner und ausgedehnten Radtouren. Boote, auch kleine Yachten, Surfbretter und Fahrräder können Sie überall in Masuren problemlos ausleihen. Mit Karten ausgerüstet, die es vor Ort auch auf Deutsch zu kaufen gibt, können Sie nun Ihre Tour starten.

Bild: Jezioro Mamry (Mauersee)

ANGELN

Sowohl die Seen als auch die Flüsse Masurens sind attraktive Angelreviere. Fast 70 Fischarten bevölkern die Binnengewässer. Hechte, Aale, Zander, Karpfen, Lachse und Forellen sind die begehrtesten. Ohne einen nationalen oder regionalen Angelschein dürfen Sie allerdings nicht fischen. Angelscheine erhalten Sie vor Ort beim Eigentümer des Gewässers, bei der zuständigen *Fischereigenos-*

SPORT & AKTIVITÄTEN

senschaft (PGRyb) oder beim *Polnischen Anglerverband (PZW)*. Die genauen Adressen sowie die aktuellen Fischereibestimmungen, z.B. über Schonzeiten, gibt es in der Warschauer *PZW-Zentrale (ul. Twarda 42 | Tel. 022/620 50 89 | www.zgpzw.pl)* oder beim *Polnischen Fremdenverkehrsamt* in Deutschland. Vor Ort helfen Ihnen die Touristen-Informationszentren weiter; Infos gibt's auch unter *www.masuren.de/angeln.htm*.

KANUFAHREN & RUDERN

Zu den interessantesten Paddelstrecken Europas gehört die 100 km lange Fahrt auf der Krutynia (Krutinna) in Masuren. Die abwechslungsreiche Tour führt über insgesamt 17 Seen und Naturreservate mit schwimmenden Inseln und seltenen Tieren wie Fischottern, Bibern, Eisvögeln, Wisenten, Luchsen und Elchen. Übernachtet wird in Bootshäusern oder auf Campingplätzen.

Kanus und Ruderboote können Sie an vielen Seen und Flüssen günstig mieten. Informationen über Kanutouren in Masuren gibt es u.a. bei der *PTTK Olsztyn (ul. Staromiejska 1 | Tel. 089/523 53 20 | Fax 527 40 58).* Einige Reiseveranstalter bieten organisierte Kajaktouren an: *www.masurentouren.de*, *www.welcome2masuria.com*

RADFAHREN

Die Landschaften um die Masurischen Seen lassen sich wunderbar mit dem Fahrrad genießen. Zahlreiche deutsche und polnische Reiseveranstalter bieten oft mehrtägige Fahrradtouren an, die auch für untrainierte Radler geeignet sind. Beliebt sind auch kombinierte Rad- und Kajaktouren.

In allen Ferienorten können Sie in vielen Hotels und Pensionen Räder für wenig Geld ausleihen. Seit einiger Zeit darf man Fahrräder in Polen auch im Zug mitnehmen, in den Abteilen für Reisende mit persönlichem Großgepäck.

Ausgeschilderte Radwege gibt es bisher nur wenige. Besser sind die meisten Radwanderkarten, die man vor Ort kaufen kann. Manche Routen führen über unbefestigte, sandige Wege, auf denen das Fahren ziemlich beschwerlich ist. Der deutsche Radreisen-Spezialist Peter H. Ostendorf hat in Masuren zusammen mit regionalen Partnern ein Netz von Touren, Service und Verleihstationen aufgebaut: *www.radreisen-masuren.de*

REITEN

Neben den staatlichen Gestüten, die oft auf eine lange Tradition zurückblicken können, haben sich in den letzten Jahren private Gestüte etabliert, die auch Reiterferien anbieten. Gehören Sie bereits zu den fortgeschrittenen Reitern, können Sie an mehrstündigen Ausritten oder mehr-

Auf vielen privaten Gestüten können Sie Ihre Ferien im Sattel verbringen

tägigen Trails teilnehmen – mit Picknick, Lagerfeuer und Spanferkelbraten am Abend. Eine gute Adresse im Internet ist *www.pferdreiter.de/polen/masuren.html*.

Sie können aber auch bei den über 30 Gestüten und Pferdepensionen in Masuren direkt buchen. Am bekanntesten ist das Trakehnergestüt *Liski (5 km nordöstlich von Bartoszyce | Anmeldung für Führungen in deutscher Sprache: Tel. 089/761 43 22)*. Eine gute Adresse ist auch der bei Szczytno (Ortelsburg) gelegene *Reiterhof Pension Sasek* von Ewa und Tadeusz Piórkowscy *(Sasek Mały 14 | Szymany | Tel. 089/622 11 60 | www.jezioro.com.pl/osrodki/sasek)*.

Sowohl Anfänger als auch fortgeschrittene Reitsportfreunde kommen in *Galiny* auf ihre Kosten. Der restaurierte einstige Herrensitz beherbergt ein professionelles Gestüt mit fast 100 Rassepferden *(Tel./Fax 089/761 21 67 | www.palac-galiny.pl)*.

SEGELN & WINDSURFEN

Die Segelreviere sind sehr abwechslungsreich. Zum Segeln und Surfen eignen sich besonders die großen Seen wie der launische Spirdingsee und der Mauersee; außerdem ist der Jezioro Niegocin, der Löwentin-See, gut geeignet sowie der Jezioro Nidzkie, der Niedersee.

Einen Verleih für Segelboote und Surfbretter gibt es in allen größeren Segelrevieren. Im polnischen Binnenland werden keine Segelscheine verlangt, allerdings wird beim Ausleihen eines Motorbootes der Besitz des Sportbootführerscheins gefordert. Informationen erhalten Sie beim *Polnischen Segelverband (Polski Związek Żeglarski) | ul. Chocimska 14 | Warszawa | Tel. 022/848 04 83 | Fax 848 04 82)*, unter *www.masurentouren.de* und unter *www.welcome2masuria.com*.

Einige Vercharterer sind auf deutsche Skipper eingestellt, z. B. *Mazur Wind* in *Wilkasy* bei Giżycko *(ul. Klonowa 19 | Tel. 087/428 01 72 | www.mazurwind.pl)*. Eine große Auswahl an neuen, technisch gut ausgestatteten Charteryachten hat man auch im Internationalen Segelsportzentrum *Almatur* am Kisajno-See *(Giżycko | ul. Moniuszki 24 | Tel. 087/428 59 71 | www.sail-almatur.pl)*.

WANDERN

Das „Land ohne Eile" ist zum Wandern wie geschaffen. Vor allem rings um die touristisch erschlossenen Großen Masurischen Seen gibt es ein Netz gut ausgeschilderter Wege. Herrliche Bedingungen bietet die Johannisburger Heide, ausgeschilderte Routen finden Sie auch rings um Krutyń, Ruciane-Nida und Giżycko, sehr reizvoll ist die markierte Strecke von Gołdap durch den Borkener Wald bis nach Wronki. Wegen der Tiefe der Wälder ist gutes Kartenmaterial wichtig, das es vor Ort in Buchläden und in den Touristinformationen gibt. Outdoorprofis finden in der Rominter Heide ein Paradies. Die Wildnis an der russischen Grenze zählt zu den letzten Urwäldern Europas. Doch hier sollten Sie neben Ausdauer und Kondition schon gutes Orientierungsvermögen mitbringen und im Gepäck am besten auch einen Kompass, sonst hat man sich schnell verlaufen. Allgemeiner Tipp: Mückenschutzmittel nicht vergessen!

VON LAGERFEUER BIS TÖPFERKURS

Fast alle Hotels an den Masurischen Seen haben Freizeitangebote für Familien mit Kindern

> Wenn Sie Ihren Sprösslingen viel Auslauf, Spaß und spannende Naturerlebnisse gönnen möchten, sind Abenteuerferien auf einem masurischen Bauern- oder Reiterhof genau das Richtige. Bei einem Campingurlaub werden Sie vieles gemeinsam unternehmen: Reitausflüge, Kajaktouren, Wanderungen. Kinder lieben es bekanntermaßen, am Lagerfeuer zu grillen. In den meisten Restaurants gibt es Kinderteller, und in Familienpensionen kocht man ohnehin schmackhaft. In Masuren hat man sich auf deutschsprachige Touristen eingestellt. Die Verständigung stellt also kein größeres Problem dar, dennoch sollten Sie mit Ihren Kindern ein paar polnische Worte einüben. Polen strahlen über das ganze Gesicht, wenn sie hören, dass sich jemand Mühe gibt, etwas in der wirklich schwierigen polnischen Sprache zu sagen.

DER SÜDEN

AQUAPARK TROPIKANA [115 F2]

Regentage – na und? Das *Hotel Gołębiewski* in Mikołajki besitzt einen großen, überdachten Schwimmbadkomplex, den auch Nichthotelgäste nutzen dürfen. Hier können Ihre Kinder drei Riesenwasserrutschen runtersausen, sich in die Wassermühle stürzen oder sich von der Strömung im Fluss mitreißen lassen. Für die ganz Kleinen gibt es Planschbecken und Wasserspielzeug. Es lohnt sich nachzufragen, welche Ausflüge, Spielnachmittage und andere Attraktionen für Kinder gerade im Angebot sind. Im Hotel wird deutsch gesprochen. *Hotel Gołębiewski | ul. Mrągowska 34 | Mikołajki | Tel. 087/429 07 00 | www.golebiewski.pl*

WILDTIERPARK KADZIDŁOWO [115 E3]

Die Masurischen Seen sind für ihren Reichtum an seltenen Tieren berühmt, und Kinder wollen die Biber, Fischotter und Hirsche natürlich gern einmal sehen. Im Wildtierpark Kadzidłowo (Einsiedeln) bei Mrągowo ist dies möglich. Zwar kann man auch dort den Wolf nicht streicheln, ihm aber immerhin Auge in Auge gegenüberstehen.

> MIT KINDERN UNTERWEGS

Da es sich bei Kadzidłowo nicht um einen Zoo im herkömmlichen Sinn handelt, kommt immer ein Tierpfleger oder eine Tierpflegerin mit und erklärt – auch in deutscher Sprache –, wo die Tiere in freier Wildbahn leben und wie man beispielweise den Rothirsch vom Damhirsch unterscheidet. Absoluter Liebling der Kinder ist Eselin Klementyna. Die größten und beeindruckendsten Tiere sind die Wisente. *Park Dzikich Zwierzat w Kadzidłowie | Tel. 087/425 73 65 o. 0606/51 77 50 | tgl. 10 Uhr bis Dämmerung | Eintritt 15 Zł., Kinder 7,50 Zł.*

DER NORDEN

MUSEUM FÜR VOLKSKULTUR [111 F2]

Eine besondere Attraktion für Kinder: In diesem Museum in Węgorzewo darf fast alles angefasst werden. Neben den Tongefäßen, Trachten, alten Musikinstrumenten und vielen Fotos aus alten Tagen, die im Parterre ausgestellt sind, ist besonders der erste Stock spannend: Hier sitzen Frauen an urtümlichen Webstühlen, zeigen und erklären, wie man früher Teppiche webte oder woher die Muster stammen, die sich bis heute in den Stoffen der masurischen Trachten wiederfinden. Wer will, kann sich auch selbst an den Webstuhl setzen und versuchen, ein paar Zentimeter Teppich zu weben. *Muzeum Kultury Ludowej | ul. Portowa 1 | Węgorzewo | Mo–Fr 8–18 Uhr, Sa, So 10–15 Uhr | Eintritt 8 Zł., Kinder 4 Zł. | www.muzeum-wegorzewo.pl*

WINDSURFEN MIT WELTMEISTERN [116 A2]

Wer seinen Kindern (9–15 Jahre) etwas Besonderes spendieren will, kann sie in der *Windsurfschule SportHoliday* anmelden. Die Schule wird vom Surfweltmeister-Ehepaar Malgorzata und Andrzej Piasecki geleitet. Die Kurse finden zweimal täglich auf dem *Spirdingsee (Jezioro Sniardwy)* statt. Die Ausrüstung für alle Kurse wird gestellt. Außerdem im Angebot: Ausflüge, Badminton, Volleyball. *In der Saison: Pensjonat Sniardwy | Nowe Guty | Tel./Fax 089/741 36 02 | www.sportholiday.iaw.pl (nur polnisch)*

> VON ANREISE BIS ZOLL

Urlaub von Anfang bis Ende: die wichtigsten Adressen und Informationen für Ihre Masuren-Reise

ANREISE

AUTO

Empfehlenswerte Grenzübergänge für die Masuren-Tour sind Kostrzyn/Kietz (östlich von Berlin) oder für die Anreise aus Norddeutschland Kolbaskowo/Pommellen (auf der A 11). Fahrtzeit Kostrzyn–Olsztyn: 8–10 Stunden. Nationaler Führerschein und Fahrzeugschein sind erforderlich, Wohnanhänger benötigen eine zusätzliche Versicherungskarte.

BAHN

Direktverbindungen nach Warschau bestehen von Berlin, Dresden und Hannover aus. Von dort aus geht es weiter mit Bahn oder Bus nach Masuren. Empfehlenswert ist der „Masurenexpress", eine direkte Nachtverbindung täglich ab Berlin (Mai bis Sept.). Auskunft zu Verbindungen und Spartarifen in den Reisezentren der Deutschen Bahn, www.bahn.de.

BUS

Busverbindungen von Deutschland aus bietet die *Deutsche Touring GmbH (Eurolines)* in Frankfurt in Kooperation mit diversen Veranstaltern an *(Tel. 069/79 03 54 | www.deutsche-touring.com)*. Ab Berlin Linienverbindungen nach Olsztyn und Giżycko *(Bayern Express & P. Kühn GmbH | Tel. 030/86 09 60 | www.berlinlinienbus.de)*.

PRAKTISCHE HINWEISE

FLUGZEUG

Direktflüge nach Masuren gibt es nicht; die polnischen Fluggesellschaften LOT *(Tel. 0180/300 03 36 | www.lot.com)* und WIZZAIR *(Tel. 0048/22/351 94 99 | www.wizzair.com)* fliegen Warschau aus mehreren deutschen Städten an, ebenso die Lufthansa *(Tel. 069/69 60 | www.lufthansa.com)*. Auch die Billigflieger Germanwings *(www.germanwings.com)*, Air Berlin *(www.airberlin.com)*, EasyJet *(www.easyjet.com)* und Air Polonia *(www.airpolonia.com)* fliegen nach Warschau und Danzig, u.a. von Berlin, Hamburg, Köln und Stuttgart aus.

AUSKUNFT

POLNISCHES FREMDENVERKEHRSAMT

Kurfürstendamm 71 | 10709 Berlin | Tel. 030/210 09 20 | Fax 210 09 14 | www.polen-info.de

POLNISCHES FREMDENVERKEHRSAMT

Lerchenfelder Str. 2 | A-1080 Wien | Tel. 01/524 71 91 | Fax 524 71 91 20 | www.poleninfo.at

AUTO

Die Höchstgeschwindigkeit beträgt 50 km/h in Orten, 90 km/h auf Landstraßen (100 km/h auf mehrspurigen) und 130 km/h auf Autobahnen. Das Überschreiten der Geschwindigkeit wird mit bis zu 130 Euro geahndet. In Polen muss das ganze Jahr über auch am Tag mit Abblendlicht gefahren werden. Es besteht generelle Anschnallpflicht; die Promillegrenze liegt bei 0,2. Handybenutzung am Steuer nur mit Freisprechanlage.

Das Tankstellennetz ist dicht, die größeren an den Hauptverkehrsstraßen haben rund um die Uhr geöffnet, kleinere in der Regel von 6 bis 22 Uhr. „ON“ ist die polnische Abkürzung für Diesel. Bleifreies Benzin ist an den Tanksäulen an einem durchgestrichenen „Pb“ zu erkennen, neben dem die Oktanzahl steht.

BANKEN & GELD

Landeswährung ist der Złoty. Er ist seit einigen Jahren konvertibel, sodass Sie bereits eine kleinere Summe (100–200 Złoty) mit nach Polen bringen können. Ansonsten ist es günstiger, seine Euros erst in Polen zu tauschen, aber nur in Banken oder Wechselstuben *(kantor)*, auf keinen Fall auf der Straße. Die Gefahr, betrogen zu werden, ist zu groß. Der Kurs im *kantor* ist meist etwas besser als in der Bank. Reiseschecks werden nur in Banken akzeptiert. In allen größeren Städten können Sie am *bankomat* mit Kreditkarten und EC-Karte Geld ziehen.

CAMPING

Im masurischen Seengebiet sind von Mai bis September zahlreiche gut ausgerüstete Campingplätze geöffnet, einige auch ganzjährig. Alle Plätze verfügen über Stellplätze für

Zelte und Wohnwagen, die jeweils mit einem elektrischen Anschluss von 220 Volt ausgestattet sind. Es gibt überall fließendes Wasser, sanitäre Anlagen und Kochstellen. Gegen Vorlage der internationalen Camperkarte gibt es auch in Polen Ermäßigung. Wildes Campen ist verboten und wird vor allem in Naturreservaten sehr hart bestraft. Auskünfte erteilt der *Polnische Campingverband*

WÄHRUNGSRECHNER

€	Złoty	Złoty	€
1	3,95	1	0,25
3	11,90	5	1,26
5	19,80	20	5,05
7	27,75	30	7,55
10	39,65	70	17,65
25	89,10	150	37,80
40	158,60	250	63,00
90	356,80	600	151,20
150	594,70	900	226,80

PFCC (ul. Grochowska 331 | Warszawa | Tel./Fax 022/810 60 50). Eine Übersicht über Plätze gibt es unter *www.campinpolska.com*.

DIPLOMATISCHE VERTRETUNGEN

DEUTSCHE BOTSCHAFT

ul. Dąbrowiecka 30 | 03-932 Warszawa | Tel. 022/584 17 00 | Fax 584 17 39

DEUTSCHES KONSULAT

al. Zwycięstwa 23 | 80-219 Gdańsk | Tel. 058/341 43 66 | Fax 341 22 45

ÖSTERREICHISCHE BOTSCHAFT

ul. Gagarina 34 | 00-955 Warszawa | Tel. 022/841 00 81 | Fax 841 00 85

BOTSCHAFT DER SCHWEIZ

al. Ujazdowskie 27 | 00-540 Warszawa | Tel. 022/628 04 81 | Fax 621 05 48

EINREISE

Seit 2008 gilt in Polen das Schengen-Abkommen. Wer aus einem Schengen-Staat einreist, wird im Normalfall nicht mehr kontrolliert. Sie sollten dennoch immer einen gültigen Personalausweis oder Reisepass dabei haben. Wollen Sie länger als 90 Tage im Halbjahr in Polen bleiben, ist eine Aufenthaltsgenehmigung nötig.

EINTRITT

Die Eintrittspreise in Museen und ähnliche Einrichtungen liegen meist zwischen 1,50 und 2,50 Euro.

FKK

Offiziell gibt es im katholischen Polen keine Nacktbadestrände. Doch wenn Sie ein einsames Seeufer finden, was in Masuren nicht sehr schwer ist, können Sie getrost alle Hüllen fallen lassen.

GESUNDHEIT

Schließen Sie vor Urlaubsantritt eine Reisekrankenversicherung ab. Gegen Quittung werden Ihnen Arztkosten dann problemlos erstattet. Erste Hilfe wird kostenlos geleistet. Ratsam ist die Mitnahme der Europäischen Krankenversicherungskarte (EHIC), die Sie bei Ihrer Krankenkasse bekommen; sie belegt den Anspruch auf ambulante Behandlung. Apotheken *(apteka)* gibt es allen in größeren Orten, dort sind Schmerzmittel und alle gängigen Medikamente erhältlich, oft rezeptfrei.

PRAKTISCHE HINWEISE

Vor einer längeren Masuren-Tour ist es sinnvoll, sich gegen Zeckenbisse impfen zu lassen. Und: Nehmen Sie unbedingt ausreichend Mückenschutzmittel mit!

In den meisten polnischen Gaststätten gilt absolutes Rauchverbot.

INTERNET

Einige interessante Internetadressen für Masuren-Touristen:

– *www.masuren.de* (Privatportal mit allem über Masuren, viel über Polen)
– *www.urlaub-polen.de* (allgemein über Urlaub in Polen, Wetter etc.)
– *www.hotelspoland.com* (Hotelbuchungen, auch auf Deutsch)
– *www.welcome2masuria.com* (Reiseportal mit Restaurant- und Hotelempfehlungen sowie Reisebuchungen, auf Deutsch)
– *www.masuren-online.de* (privat betriebenes Portal mit Informationen von Aktivurlaub bis Unterkunft)

INTERNETCAFÉS & WLAN

Immer mehr Hotels bieten ihren Gästen Internet-Zugang (Wifi), allerdings nicht immer kostenlos. Internetcafés gibt es mittlerweile aber in fast allen größeren Orten.

JUGENDHERBERGEN

Die Jugendherbergen in Polen sind organisiert im Polnischen Verband der Jugendherbergen (PTSM), der Mitglied des Internationalen Jugendherbergsverbandes (IYHF) ist. Die Herbergen können nur von Mitgliedern der jeweiligen Heimatverbände benutzt werden. Infos: *Hauptverwaltung der PTSM (ul. Chocimska 28 | Warszawa | Tel. 022/849 81 28 | Tel./Fax 849 83 54 | www.hostelling.com.pl)*. Hier kann man auch eine Reservierung vornehmen. Für Auskünfte über Masuren kann man sich auch an das *Jugendherbergswerk* in Olsztyn wenden *(ul. Kopernika 45 | Olsztyn | Tel. 089/527 66 50)*.

KLIMA & REISEZEIT

Das Wetter in Masuren ist bereits sehr kontinental geprägt. Die Sommer können sehr heiß, die Winter bitterkalt sein. Ende Mai beginnt in Masuren die Schönwettersaison. Sie dauert bis Mitte August, aber auch im September gibt es oft noch sonnige Tage. Im Winter, wenn die Seen zugefroren sind und es mitunter tagelang schneit, wirkt das Land weit, ruhig und wie verzaubert.

MIETWAGEN

Bei internationalen und regionalen Firmen können Sie direkt an den

WAS KOSTET WIE VIEL?

TEE	50 CENT für eine Tasse
SOUVENIR	4 EURO für eine Keramiktasse mit Masuren-Motiv
BIER	CA. 1,60 EURO für ein Glas
IMBISS	3,50 EURO für drei Piroggen
BENZIN	CA. 1,30 EURO für 1 l Super
FAHRRAD	4–10 EURO Mietpreis pro Tag

Bahnhöfen, in großen Hotels bzw. über die örtlichen (Reise-)Büros Leihwagen mieten. Die Preise entsprechen etwa denen in Deutschland, Österreich und der Schweiz.

NOTRUF

Polizei: 997
Feuerwehr: 998
Rettungsdienst: 999
Pannenhilfe: 981
Wasserrettung: 089/527 48 14
Notruf vom Handy aus: 0048/112

ÖFFENTLICHE VERKEHRSMITTEL

Das Streckennetz der Polnischen Eisenbahn PKP ist in Masuren nicht besonders ausgebaut, dafür sind die Fahrkarten deutlich billiger als in Deutschland. Aktuelle Zugverbindungen unter *www.pkp.pl.*

Es gibt ein weit verzweigtes Busliniennetz, das von der staatlichen *PKS* und der privaten *Polski Express* befahren wird. Fahrkarten gibt es an Busbahnhöfen, in Reisebüros oder beim Fahrer selbst. Kinder bis zum vierten Lebensjahr ohne eigenen Sitzplatz reisen gratis, Kinder von vier bis sieben Jahren erhalten 50 Prozent Ermäßigung. Die Zugbahnhöfe und die Fernbusbahnhöfe liegen häufig nebeneinander. Die Polski-Express-Busse sind in der Regel bequemer und auch schneller als die meist älteren PKS-Modelle.

ÖFFNUNGSZEITEN

In Polen gibt es kein Ladenschlussgesetz. *Lebensmittelläden* sind meist *Mo–Fr 7–19, Sa 8–14 Uhr* geöffnet. *Banken: Mo–Fr 8–17, Sa 8–14 Uhr. Apotheken: Mo–Fr 8–18 Uhr. Postämter: Mo–Fr 8–19 Uhr.* Viele Läden, auch Banken, öffnen auch sonntags, in vielen Städten gibt es rund um die Uhr geöffnete Läden. Die meisten *Restaurants* sind täglich geöffnet, das aber nur in der Hauptsaison.

POST

Briefe nach Westeuropa brauchen im Durchschnitt etwa eine Woche. Die

WETTER IN SZCZYTNO

	Jan.	Feb.	März	April	Mai	Juni	Juli	Aug.	Sept.	Okt.	Nov.	Dez.
Tagestemperaturen in °C	-8	-2	5	11	17	20	25	25	20	12	5	0
Nachttemperaturen in °C	-10	-8	-3	3	8	12	16	16	12	8	-3	-6
Sonnenschein Std./Tag	1	1	4	6	6	7	8	8	7	4	1	1
Niederschlag Tage/Monat	8	7	6	6	9	9	12	12	8	6	4	4

roten Briefkästen sind die richtigen. Die grünen dienen nur dem regionalen Postverkehr. Porto nach Westeuropa: Karte oder Standardbrief 2,20 Zł. bzw. 2,60 Zł. (Luftpost). Briefmarken *(znaczki)* gibt's im Postamt, an Zeitungskiosken und in vielen Hotels.

TAXI

Die Preise für die drei Zonen „Innenstadt", „Außenbezirke" und „Feiertags- oder Nachtfahrten" sind gut sichtbar im und außerhalb des Taxis angebracht. Bei längeren Fahrten sollten Sie unbedingt den Preis vorab mit dem Fahrer aushandeln.

TELEFON & HANDY

Vorwahl nach Deutschland 0049, nach Österreich 0043, in die Schweiz 0041. Vorwahl nach Polen: 0048 und danach die Ortsvorwahl ohne 0.

Bei Telefonaten innerhalb des polnischen Festnetzes müssen Sie auch bei Nah- und Ortsgesprächen die jeweilige Ortsvorwahl (inklusive der Null) mitwählen, also zum Beispiel von Mikołajki nach Mikołajki zuerst die 087, dann die Rufnummer.

Die öffentlichen Telefonzellen können Sie entweder mit einer Telefon- oder einer Chipkarte benutzen, die Sie an Kiosken und Tankstellen, in Postämtern und größeren Hotels kaufen können. Üblich sind Telefonkarten *(karta telefoniczna)* mit 25 oder 100 Einheiten. Chipkarten gibt es für 50 Einheiten.

Mobilfunk funktioniert problemlos, allerdings ist das Telefonieren mit dem Handy wegen der Roaminggebühren sehr teuer. Nicht immer ist das Partnernetz, das sich in Polen automatisch einwählt, auch das billigste. Mit einer polnischen Prepaid-SIM-Card entfallen die Gebühren für eingehende Gespräche ganz. Prepaid-Cards bekommen Sie vor Ort in Handyläden, an Tankstellen und in manchen Internetcafés.

Inlandsauskunft: Tel. 913, Auslandsauskunft: Tel. 912

TOILETTEN

In Polen werden die Toiletten *(toaleta)* oft nur mit einem Symbol gekennzeichnet – ein Kreis für die Damen, ein Dreieck für die Herren. Dies liegt daran, dass im Polnischen *pan* (Herr) und *pani* (Dame) mit einem „P" beginnen und daher als Symbol ungeeignet sind. Gebühr: ca. 2–3 Zł.

TRINKGELD

Ein 5- bis 10-prozentiges *napiwek* ist eine angemessene Anerkennung für guten Service. Auch bei Taxifahrten wird aufgerundet.

ZEITUNGEN

Internationale Zeitungen führen alle größeren Hotels, in den größeren Städten oft die Buchhandelskette EMPIK sowie viele Bahnhofskioske.

ZOLL

Seit dem EU-Beitritt Polens gibt es an den deutsch-polnischen Grenzen keine Zollkontrollen mehr, und für die Ein- und Ausfuhr gelten die Bestimmungen des EU-Binnenmarktes.

Ohne Sondergenehmigung dürfen keine Gegenstände ausgeführt werden, die vor dem 9. Mai 1945 in Polen hergestellt wurden. Vorsicht also beim Kauf von Antiquitäten, alten Büchern und Bildern. *www.zoll.de*

> CZY MÓWISZ PO POLSKU?

„Sprichst du Polnisch?" Dieser Sprachführer hilft Ihnen, die wichtigsten Wörter und Sätze auf Polnisch zu sagen

Aussprache

Zur Erleichterung der Aussprache sind alle polnischen Wörter mit einer einfachen Aussprache (in eckigen Klammern) versehen. In mehrsilbigen Wörtern wird die vorletzte Silbe betont.

Polnische Phonetik:

a = immer kurz	ó = u
ą = on (nasal) wie im Französischen	rz = französisches j in „Journal"
c = z wie in „Zeit" (nie wie k)	s = immer scharf
é = en (nasal) wie Französisch („in...")	ś = sj
ł = etwa wie englisches w	sz = sch
ń = nj wie in „Champagner"	ż = rz = französisches j

AUF EINEN BLICK

Ja./Nein./Vielleicht.	Tak. [tak]/Nie. [njä]/Może. [moschä]
Bitte./Danke.	Proszę. [proschän]/Dziękuję. [dsiänkujän]
Gern geschehen.	Zrobiłem/zrobiłam to z przyjemnością. [srobbiuäm/srobbiuam to spschijämnoschtschon]
Entschuldigung!	Przepraszam! [pschäprascham]
Wie bitte?	Słucham? [suucham]
Ich verstehe Sie nicht.	Nie rozumiem pana/pani. [njä rossumjäm pana/panji]
Können Sie mir bitte helfen?	Czy może mi pan/pani pomóc? [tschi moschä mi pan/panji pommuz]
Ich möchte …	Chciałbym/Chciałabym … [chtschaubim/chtschauabim]
Das gefällt mir (nicht).	To mi się (nie) podoba. [to mi schän (njä) poddobba]
Haben Sie …?	Czy ma pan/pani …? [tschi ma pan/panji]
Wie viel kostet es?	Ile to kosztuje? [ilä to koschtujä]
Wie viel Uhr ist es?	Która godzina? [ktura goddsina]

KENNENLERNEN

Guten Morgen/Tag!	Dzień dobry! [dsiänj dobbri]
Guten Abend!	Dobry wieczór! [dobri wätschur]
Hallo!/Grüß dich!	Halo!/Witam! [chalo/witam]
Wie heißt du?	Jak się nazywasz?[jak schän nasiwasch]
Wie geht es Ihnen?	Jak się panu/pani powodzi? [jak schän panu/panji powwoddsi]

SPRACHFÜHRER POLNISCH

Dzien dobry

Danke. Und Ihnen?	Dziękuję. [dsiänkujän] A panu/pani? [a panu/panji]
Auf Wiedersehen!	Do widzenia! [do widsänja]
Bis morgen!	Do jutra! [do jutra]
Gute Nacht!	Dobranoc! [dobbranotts]
Tschüs!	Serwus! [särwus]

UNTERWEGS

AUSKUNFT

links	na lewo [na läwo]
rechts	na prawo [na prawo]
geradeaus	prosto [prossto]
nah/weit	blisko [blisko]/daleko [daläko]
Bitte, wo ist …?	Przepraszam, gdzie jest …? [pschäpraschamm, gdsiä jäst]
Bahnhof	dworzec [dwaschez]/kolejowy [kolejowi]
Bus	autobus [autobus]
Wie weit ist das?	Jak to jest daleko? [jak to jäst daläko]

PANNE

Ich habe eine Panne.	Mam awarię samochodu. [mam awarjän samochoddu]
Würden Sie mich bis zur nächsten Werkstatt abschleppen?	Odholowałby mnie pan/odholowałaby mnie pani do najbliższego warsztatu? [ottchollowwaubi mnjä pan/ottchollowwauabi mnjä panji do najblischschägo warschtatu]
Wo ist hier in der Nähe eine Werkstatt?	Gdzie jest tu w pobliżu warsztat samochodowy? [gdsiä jäst tu f pobblischu warschtat samochodowe]

TANKSTELLE

Wo ist bitte die nächste Tankstelle?	Przepraszam, gdzie jest najbliższa stacja benzynowa? [pschäprascham, gdsiä jäst najblischscha stazja bänsinowwa]
Ich möchte … Liter	Chciałbym/chciałabym … litrów [chtschaubim/chtschauabim ... litruf]
… Normalbenzin.	… benzyny niskooktanowej. [bänsini njiskoocktanowwäj]
… Super/Diesel.	… wysokooktanowej/ropy. [wisockoocktanowwäj/roppi]

Voll tanken, bitte.	Proszę do pełna. [proschän do päuna]

UNFALL

Hilfe!	Ratunku! [ratunku]
Rufen Sie bitte schnell …	Proszę wezwać szybko … [proschän wäswatsch schipko]
… einen Krankenwagen.	… karetkę pogotowia. [karätkän poggottowwa]
… die Polizei.	… policję. [pollizjän]
… die Feuerwehr.	… straż pożarną. [strasch poscharnon]
Es war Ihre Schuld.	To była pana/pani wina. [to biua pana/panji wina]
Geben Sie mir bitte Ihren Namen und Ihre Anschrift.	Proszę mi podać pana/pani nazwisko i adres. [proschän mi poddatsch pana/panji naswisko i adräs]

ESSEN/UNTERHALTUNG

Wo gibt es hier …	Gdzie jest tu w pobliżu … [gdsiä jäst tu fpobblischu]
… ein gutes Restaurant?	… dobra restauracja? [dobbra rästaurazja]
… ein nicht zu teures Restaurant?	… niezbyt droga restauracja? [njäsbitt drogga rästaurazja]
Gibt es hier eine gemütliche Kneipe?	Czy jest tu jakaś miła knajpa? [tschi jäst tu jakasch miua knajpa]
Reservieren Sie uns bitte für heute Abend einen Tisch für vier Personen.	Proszę zarezerwować dla nas na dziś wieczór stolik na cztery osoby. [proschän saräsärwowwatsch dla nas na dsisch wjätschur stollik na tschtäri ossobbi]
Auf Ihr Wohl!	Pana/pani zdrowie! [pana/panji sdrowwjä]
Bezahlen, bitte.	Mogę zapłacić? [moggän sapuatschitsch]
Hat es geschmeckt?	Smakowało? [smakowwauo]
Das Essen war ausgezeichnet.	Jedzenie było znakomite. [jädsänjä biuo snakommitä]

Katrinchen Piernik Torunski

ÜBERNACHTUNG

Können Sie mir bitte … empfehlen?	Może mi pan/pani polecić … [moschä mi pan/panji pollätschitsch]
… ein gutes Hotel…	… dobry hotel? [dobbri chottäl]
… eine Pension…	… pensjonat? [pänsjonnat]
Haben Sie noch Zimmer frei?	Czy ma pan/pani jeszcze wolne pokoje? [tschi ma pan/panji jäschtschä wollnä pockojjä]
ein Einzelzimmer	pokój jednoosobowy [pockuj jädnoossobbowwi]
ein Zweibettzimmer	pokój dwuosobowy [pockuj dwuossobbowwi]
mit Bad	z łazienką [s uasiänkon]
mit Dusche	z prysznicem [s prischnjizäm]

für eine Nacht	na jedną noc [na jädnon noz]
für eine Woche	na tydzień [na tidsiänj]
Was kostet das Zimmer mit …	Ile kosztuje pokój … [ilä koschtujä pockuj]
… Frühstück?	… ze śniadaniem? [sä schnjadanjäm]
… Halbpension?	… ze śniadaniem i kolacją? [sä schnjadanjäm i kollazjon]
… Vollpension?	… z całodziennym wyżywieniem? [s zauoddsiännim wischiwenjäm]
Kann ich das Zimmer ansehen?	Mogę ten pokój obejrzeć? [moggän tän pockuj obbäjschätsch]

PRAKTISCHE INFORMATIONEN

ARZT

Können Sie mir einen guten Arzt empfehlen?	Czy może mi pan/pani polecić dobrego lekarza? [tschi moschä mi pan/panji pollätschitsch dobbrägo läkascha]
Ich habe hier Schmerzen.	Tu mnie boli. [tu mnjä bolli]

BANK

Wo ist hier bitte …	Gdzie tu jest … [gdsiä tu jäst ...]
… eine Bank?	… bank? [bank]
… eine Wechselstube?	… kantor (wymiany walut)? [kantorr (wimjani walut)]
Ich möchte … Euro (Schweizer Franken) in Złoty wechseln.	Chciałbym/*f* Chciałabym wymienić … euro niemieckich (franków szwajcarskich) na złotówki. [chtschaubim/chtschauabim wimänjitsch ... euro njämäzkich (frankuf schfajzarskich) na suotuwki]

POST

Was kostet …	Ile kosztuje … [ilä koschtujä]
… ein Brief …	… list … [list]
… eine Postkarte …	… pocztówka … [pottschtufka]
… nach Deutschland?	… do Niemiec? [do njämäz]

ZAHLEN

1	jeden [jädän]	8	osiem [oschäm]
2	dwa [dwa]	9	dziewięć [dsiäwänjtsch]
3	trzy [tschi]	10	dziesięć [dsiäschänjtsch][
4	cztery [tschtäri]	100	sto [sto]
5	pięć [pänjtsch]	1000	tysiąc [tischonz]
6	sześć [schäschtsch]	1/2	jedna druga [jädna druga]
7	siedem [schädäm]	1/4	jedna czwarta [jädna tschwarta]

Weißstörche bei der Nahrungssuche

> UNTERWEGS AN DEN MASURISCHEN SEEN

Die Seiteneinteilung für den Reiseatlas finden Sie auf dem hinteren Umschlag dieses Reiseführers

REISE ATLAS

A
B
C
Широкое
Šyrokoje
Рябинино
Riabinino
Бычково
Byčkovo
Дворкино
Dvorkino
Железнод
Želiezn
Kaliningradskaja oblast'
Woj. warmińsko-mazurskie
ROSSIJA
POLSKA
Parkoszewo
Szczurkowo
512
Bąsze
Ostre Bardo
Lipica
1
Głomno
Judyty
Stopki
Wodukajmy
Gierkiny
Masuny
Żydowo
Przewarszyty
Domarady
Langanki
Momajny
Nalikajmy
Leginy
Zydlung
Dzietrzychowo
21
Liski
Długa
Łyna
Dąbrowa
Skitno
Stadnina koni
Smołanka
Romankowo
51
Wirwilty
Łojdy
Lwowiec
BARTOSZYCE
BARTENSTEIN
Rusajny
Sępopol
Silginy
Krelikiejmy
2
Wiatrowiec
Witki
Połęcze
Sędławki
Prosna
Wągniki
Guber
Plęsy
Kinkajmy
Gruda
Różyna
Kaławgi
Bykowo
Studzieniec
Drogosze
Spurgle
Szwaruny
Pisa
Sokolica
Maszewy
590
Minty
Łabędnik
Glitajny
Parys
Krawczyki
Węgoryty
Sporwiny
Głowbity
Korsze
Korschen
Kosy
Warnikajmy
592
Galiny
Gromki
Bieliny
Bajdyty
Olszynka
Łankiejmy
Borki Sędrowskie
Gudzik
Połapin
3
57
Paluzy
Janowiec
Kraskowo
Wandajny
Trutnowo
Warmiany
Grzęda
120
Wozławki
Pleśno
Trzeciaki
513
Rokitnik
Sułowo
Lędławki
Wojkowo
Gudniki
Babieniec
Kiwity
Bisztynek
Tolniki Małe
Sątopy-Samulewo
Worpławki
45
Głaz narzutowy
594
121
Gotycki kościół
Klewno
Prosity
Troszkowo
Sątopy
Troksy
Zamek biskupi
Reszel
Rössel
Pieckowo
4
Lądek
Unikowo
Dąbrowa
Czarnowiec
Księżno
Ryn Reszelski
Mnichowo
Zawidy
Ramty
Wysoka Dąbrowa
Kominki
Święta Lipka
Pierwągi
Wągsty
Kramarzewo
593
Kocibórz
Lutry
Wójtowo
Kolno
Samławki
Leginy
Piszewo
J. Luterskie
J. Legińskie
Olszewnik
Kikity
Kabiny
Pilec
J. Widryńskie
Żardeniki
Tejstymy
Widryny
J. Ławki
Łężany
Górowo
596
Miejska Wieś
J. Tejstymy
Kruzy
Otry
Burszewo
5
Bęsia
Wólka
Pojezierze
Zerbuń
Biesowo
Kiersztanowo
Warpuny
Węgój
186
Stryjewo
Szymanowo
Zyndaki
Czerwonka
Gązwa
Wipsowo
Droszewo
Bredynki
Surmówka
Wilimy
Mrągowskie
Najdymowo
Stanclewo
Choszczewo
Pustniki
J. Dadaj
J. Jelmuń
J. Gielądzkie
Biskupiec
Bischofsburg
Bagienice Małe
6
Ramsowo
Rukławki
Lipowo
Dadaj
Stary Gieląd
Sadowo
Niedźwiedź
Rzeck
Parleza Wielka
Sorkwity
25
16
Nibork
114
110
Kojtryny
Zabrodzie
Borki Wielkie
J. Lampackie
Jędrychowo
Droga Tysiąca

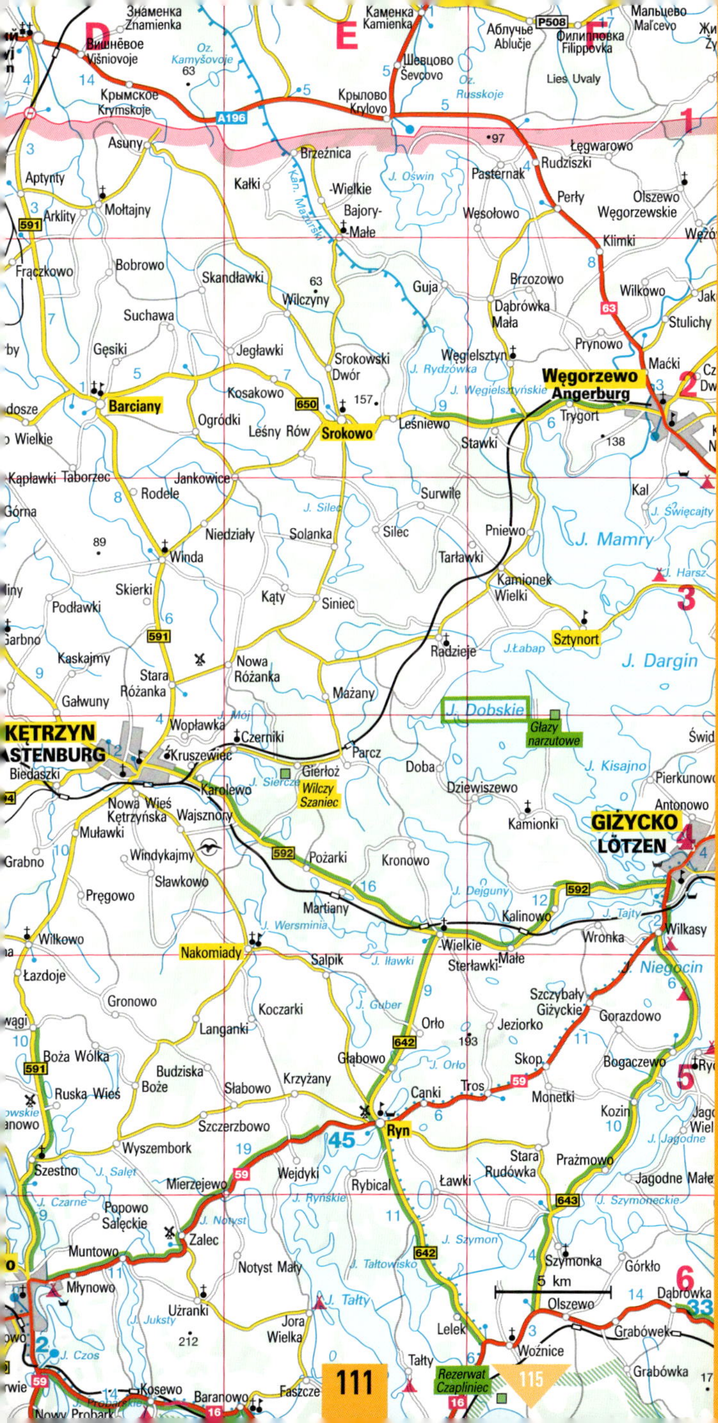
D
E
F
1
2
3
4
5
6
Знаменка
Znamienka
Вишнёвое
Višniovoje
Oz. Kamyšovoje
Каменка
Kamienka
Шевцово
Ševcovo
Oz. Russkoje
Аблучье
Ablučje
P508
Филипповка
Filippovka
Мальцево
Mal'cevo
Lies Uvaly
Крымское
Krymskoje
Крылово
Krylovo
A196
Asuny
Brzeźnica
Łęgwarowo
Pasternak
Rudziszki
Aptynty
Kałki
-Wielkie
Bajory-
-Małe
J. Oświn
Kan. Mazurski
Mołtajny
Arklity
591
Perły
Olszewo Węgorzewskie
Wesołowo
Klimki
Frączkowo
Bobrowo
Skandławki
Wilczyny
Guja
Brzozowo
Dąbrówka Mała
Wilkowo
63
Stulichy
Suchawa
Gęsiki
Jegławki
Srokowski Dwór
Węgielsztyn
J. Rydzówka
Prynowo
Maćki
Węgorzewo
Angerburg
Barciany
Kosakowo
650
J. Węgielsztyńskie
Trygort
Ogródki
Leśny Rów
Srokowo
Leśniewo
Stawki
Wielkie
Kąpławki
Taborzec
Jankowice
Rodele
Surwile
Kal
J. Święcajty
Górna
J. Silec
Silec
Pniewo
J. Mamry
Niedziały
Solanka
Winda
Tarławki
J. Harsz
Skierki
Kąty
Siniec
Kamionek Wielki
Podławki
Garbno
Sztynort
Radzieje
J. Łabap
J. Dargin
Kaskajmy
Nowa Różanka
Stara Różanka
Gałwuny
Mażany
J. Dobskie
Głazy narzutowe
Wopławka
J. Mój
KĘTRZYN
RASTENBURG
Czerniki
Parcz
Kruszewiec
J. Kisajno
Świd
Biedaszki
Gierłoż
Doba
Pierkunowo
Karolewo
J. Siercze
Wilczy Szaniec
Dziewiszewo
Antonowo
Nowa Wieś Kętrzyńska
Wajsznory
Kamionki
GIŻYCKO
LÖTZEN
Muławki
592
Pożarki
Kronowo
Grabno
Windykajmy
Sławkowo
J. Dejguny
Pręgowo
Martiany
Kalinowo
J. Tajty
J. Wersminia
Wilkowo
Wronka
Wilkasy
Nakomiady
-Wielkie
Sterławki-
-Małe
Salpik
J. Iławki
J. Niegocin
Łazdoje
Gronowo
Koczarki
J. Guber
Szczybały Giżyckie
Gorazdowo
Langanki
Orło
Jeziorko
642
Budziska
Boże
Głąbowo
J. Orło
Skop
Bogaczewo
Boża Wólka
Ruska Wieś
Słabowo
Krzyżany
Tros
59
Monetki
Canki
Kozin
Szczerzbowo
Ryn
45
J. Jagodne
Wyszembork
Stara Rudówka
Prażmowo
Szestno
J. Sałęt
Wejdyki
Rybical
Ławki
Jagodne Małe
Mierzejewo
J. Ryńskie
643
J. Szymoneckie
J. Czarne
Popowo Salęckie
J. Notyst
J. Szymon
Zalec
Muntowo
Notyst Mały
J. Tałtowisko
Szymonka
Górkło
Młynowo
5 km
J. Tałty
Olszewo
Dąbrówka
Użranki
J. Juksty
Jora Wielka
Lelek
Grabówek
212
Woźnice
J. Czos
Tałty
Rezerwat Czapliniec
Grabówka
Kosewo
Faszcze
16
Baranowo
Nowy Probark

115

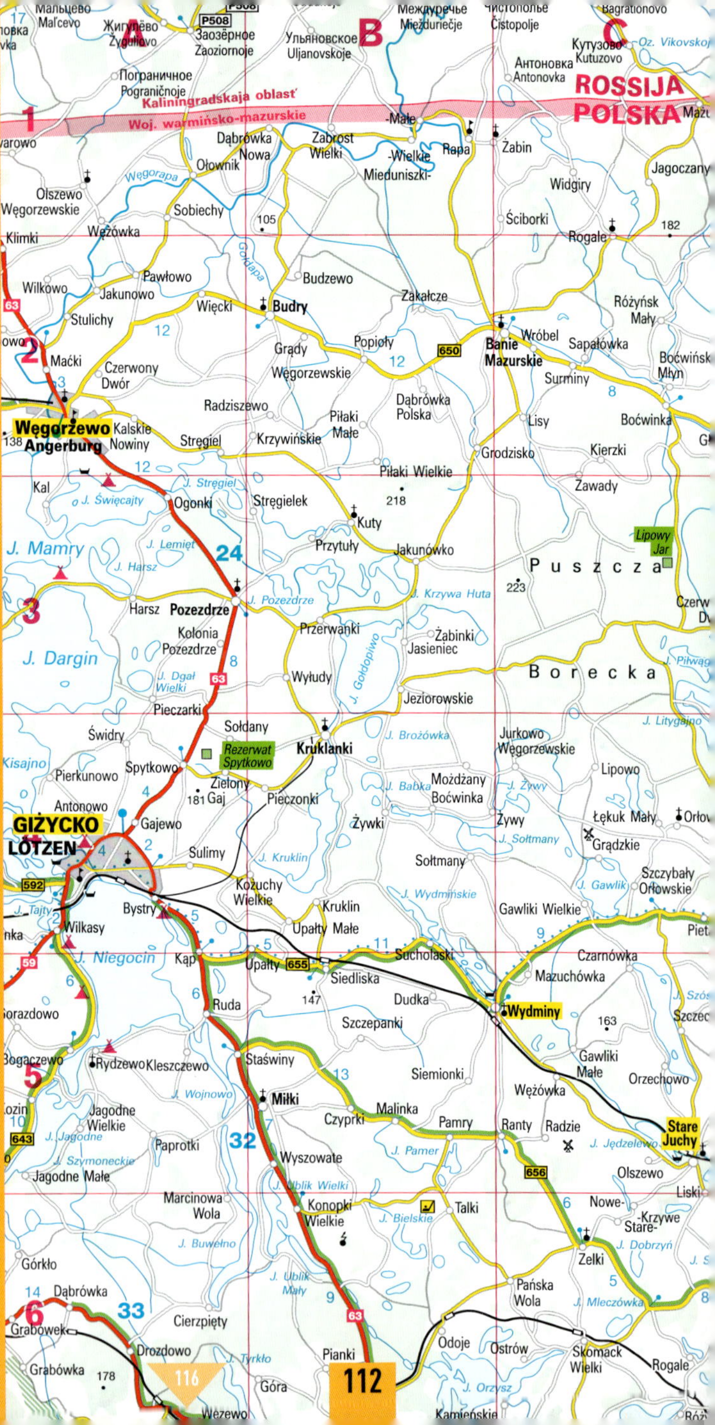

A
B
C
1
2
3
5
6
ROSSIJA
POLSKA
Kaliningradskaja oblast'
Woj. warmińsko-mazurskie
Мальцево
Mal'cevo
Жигулёвo
Žyguljovo
P508
Заозёрное
Zaoziornoje
Ульяновское
Uljanovskoje
Междуречье
Mežduriečje
Чистополье
Čistopolje
Bagrationovo
Кутузово
Kutuzovo
Oz. Vikovskoj
Антоновка
Antonovka
Пограничное
Pograničnoje
Dąbrówka Nowa
Zabrost Wielki
Małe
Wielkie
Mieduniszki
Rapa
Żabin
Jagoczany
Ołownik
Węgorapa
Widgiry
Olszewo Węgorzewskie
Sobiechy
105
Ściborki
Rogale
182
Klimki
Wężówka
Gołdapa
Pawłowo
Budzewo
Wilkowo
Jakunowo
Więcki
Budry
Zakałcze
Różyńsk Mały
63
Stulichy
12
Grądy
Popioły
650
Banie Mazurskie
Wróbel
Sapałówka
Boćwińsk Młyn
Maćki
Czerwony Dwór
Węgorzewskie
Surminy
8
Radziszewo
Dąbrówka Polska
Piłaki Małe
Lisy
Boćwinka
Węgorzewo
Angerburg
138
Kalskie Nowiny
Stręgiel
Krzywińskie
Grodzisko
Kierzki
Piłaki Wielkie
Kal
J. Stręgiel
J. Święcajty
Ogonki
Stręgielek
218
Zawady
Kuty
J. Mamry
J. Lemięt
24
Przytuły
Jakunówko
Lipowy Jar
J. Harsz
Puszcza
223
Harsz
Pozezdrze
J. Pozezdrze
J. Krzywa Huta
Kolonia Pozezdrze
Przerwanki
Żabinki
Jasieniec
J. Dargin
J. Dgał Wielki
Wyłudy
J. Gołdopiwo
Borecka
J. Pilwąg
Jeziorowskie
Pieczarki
Sołdany
J. Litygajno
Świdry
Kruklanki
J. Brożówka
Jurkowo Węgorzewskie
Rezerwat Spytkowo
Kisajno
Pierkunowo
Spytkowo
Zielony Gaj
181
Lipowo
J. Babka
Możdżany
Boćwinka
J. Żywy
Antonowo
Pieczonki
Żywki
Żywy
Łękuk Mały
Orłowo
Giżycko
Lötzen
Gajewo
4
J. Sołtmany
Grądzkie
Sulimy
J. Kruklin
Sołtmany
592
Kożuchy Wielkie
J. Wydmińskie
J. Gawlik
Szczybały Orłowskie
J. Tajty
Bystry
Kruklin
Gawliki Wielkie
Wilkasy
Upałty Małe
11
9
J. Niegocin
Kąp
Upałty
655
Siedliska
Sucholaski
Czarnówka
59
Mazuchówka
147
Dudka
Wydminy
Gorazdowo
Ruda
Szczepanki
163
Bogaczewo
Rydzewo
Kleszczewo
Staświny
13
Siemionki
Gawliki Małe
Orzechowo
Wężówka
J. Wojnowo
Miłki
Malinka
Kozin
Jagodne Wielkie
Czyprki
Pamry
Ranty
Radzie
Stare Juchy
643
J. Jagodne
Paprotki
32
J. Jędzelewo
J. Pamer
J. Szymoneckie
Wyszowate
656
Olszewo
Jagodne Małe
J. Ublik Wielki
Marcinowa Wola
Konopki Wielkie
Talki
Nowe-Krzywe
Stare-
Liski
J. Bielskie
J. Buwełno
Żelki
J. Dobrzyń
Górkło
J. Ublik Mały
Pańska Wola
14
Dąbrówka
33
J. Mleczówka
Cierzpięty
Grabowek
Drozdowo
J. Tyrkło
Pianki
Odoje
Ostrów
Skomack Wielki
Rogale
Grabówka
178
Góra
J. Orzysz
Kamieńskie
Wężewo

116

D
E
F
Плавни
Plavni
Яковлевка
Jakovlievka
Oz. Krasnoje
Ciornaja
218 Królewska Góra
Park
Krajobrazowy
Puszczy
Romincskiej
Żytkiejmy
Struga Żytkiejmska
Błędzianka
Niedrzwica
J. Gołdap
2009
Jurkiszki
Galwiecie
Pluszkiejmy
Gołdap
Goldap
Botkuny
Dubeninki
651
Stańczyki
Akwedukt Puszczy Romincskiej
Rostek
Góra Gołdapska
272
Jabramowo
Jarka
Rogajny
J. Czarne
J. Przerośl
Łoje
Przerośl Gołdapska
J. Boczne
Kolniszki
Bronisze
Kozaki
Górne
Woj. Warmińsko-Mazurskie
Woj. Podlaskie
Rakówek
J. Kościelne
Przerośl
Wronki Wielkie
G. Tatarska
308
Czarne
Krzywólka
Kolonia Przerośl
J. Krzywólka
Grabowo
65
Babki
J. Bitkowskie
Żelazki
Czostków
Wilkasy
Pogorzel
Supienie
J. Rospuda
Kowalki
Borkowiny
Wólka
J. Kamienne
Nowe-
J. Białe
Motule
Dorsze
Garbas
Stare-
Dunajek
Góra Szeska
309
Golubie Wężewskie
J. Mieruńskie Wielkie
Mieruniszki
Filipów
652
Lakiele
Drozdowo
Kowale Oleckie
Cisowy Jar
Jabłonowo
33
Stacze
Wężewo
Garbaś
J. Garbaś
194
Zusno
Nowa-
3
Zawady Oleckie
Sokółki
Szarejki
Monety
Plewki
Nowy
Skazdub-Stary
Szwałk
Lenarty
Judziki
Stożne
Cichy
Golubki
Dąbrowskie
Borawskie
Bakałarzewo
653
Malinówka
J. Łazno
Dybowo
Mazury
Niemsty
Łęgowo
Babki Oleckie
Sedranki
Szczecinki
J. Sumowo
Sadłowina
Rogojny
Gryzy
J. Długie
Gordejki Małe
J. Sedraneckie
Droga Tysiąca Jezior (północna)
Zalesie
J. Olecko Wielkie
4
Chechły
655
J. Romoły
Jaśki
Olecko
Treuburg
Nieszki
J. Bolesty
Krupin
191
Imionki
Wronki
Dunajek
J. Dobskie
J. Muliste
Rosochackie
Siejnik
Lesk
Wojnasy
Markowskie
Ełk
Świętajno
Sulejki
Kukowo
J. Olecko Małe
Wieliczki
Cimoszki
Wilkasy
Giże
13
Połom
J. Dworackie
J. Zajdy
Olecko Małe
Niedźwiedzkie
Sobole
Gorłówko
J. Dudeckie
J. Kukowino
Nowy Młyn
5
30
Ślepie
170
Krzywe
Kukówko
661
Zawady Ełckie
J. Krzywe
J. Przytulskie
Gąski
Zatyki
Nory
Szeszki
Lega
Sajzy
Przytuły
Kijewo
Kleszczewo
Dorsze
Piaski
J. Naśmiady
10
Chojniak
J. Zdrężno
Gąsiorówko
Iwaśki
Marcinowo
Bałamutowo
Płociczno
Golubie
5 km
Piętki
Straduny
Krokocie
J. Golubskie
Chełchy
Mikołajki
Kalinowo
Królowa Wola
J. Haleckie
Oracze
Skomętno Wielkie
Długie
16
24
Witnyny
Przykopka
Łęga
Wysokie
Woszczele
Siedliska
EŁK
LYCK
Sędki
•141
Ostoja bobrów
J. Sunowo
J. Selmet Wielki
Laski Wielkie
J. Skomętno
Pisanica
Bartosze
113
117
6

A
B
C
110
114
1
2
3
4
5
6
Pojezierze Mrągowskie
Biskupiec
Bischofsburg
Szczytno
Ortelsburg
Sorkwity
Pasym
Wielbark
Węgój
Stryjewo
Czerwonka
Szymanowo
Zyndaki
Gązwa
Wipsowo
Wilimy
Najdymowo
Bredynki
Surmówka
Stanclewo
Choszczewo
Pustniki
J. Dadaj
J. Jelmuń
J. Gielądzkie
Bagienice
Małe
Ramsowo
Dadaj
Rukławki
Lipowo
Sadowo
Stary Gieląd
Niedźwiedź
Rzeck
Parleza Wielka
Nibork
Kojtryny
Rudziska
Borki Wielkie
J. Lampackie
Jędrychowo
Kromerowo
Zabrodzie
Droga Tysiąca Jezior (północna)
J. Pierwój
Maradki
Bartołty Wielkie
Rasząg
Botowo
Kobułty
Borowski Las
Labuszewo
Rozogi
Odryty
Leszno
Popowa Wola
Mojtyny
158
Rumy
Rutkowo
Rybno
Rogale
Gisiel
Grodziska
Głogno
Kozłowo
Giławy
Sąpłaty
Łupowo
Targowska Wola
Grądy
164
Kałęczyn
Gant
Targowska Wólka
Rusek Wielki
Małszewko
Dźwierzuty
Rańsk
J. Rańskie
J. Babięty Wielkie
Jeleniowo
Targowo
Grzegrzółki
157
Olszewki
Orzyny
Miętkie
J. Krawno
Stankowo
Dąbrowa
Rezerwat Kulka
J. Kalwa
Elganowo
J. Nęsk
Linowo
Nowe Kiejkuty
207
Marksewo
Powałczyn
J. Leleskie
J.-Gromskie
Leleszki
J. Sasek Wielki
Trelkowo
Stare Kiejkuty
Dybowo
J. Marksoby
Narajty
161
Grom
Dębówko
Romany
Piasutno
J. Wałpusz
Jurgi
Jerutki
Lemany
Kamionek
Witowo
Sawica
144
Nowy Dwór
Brajniki
Olszyny
Świętajno
J. Świętajno
J. Brajnickie
J. Sędańskie
Płozy
Jeruty
Narty
Witówko
Rudka
Wawrochy
Niedźwiedzie
Siódmak
J. Sasek Mały
Prusowy Borek
Biały Grunt
Wały
Gawrzyjałki
Nowiny
Sasek Mały
Małdaniec
Szymany
Piecuchy
Rekownica
Ciemna Dąbrowa
Szymanki
Lipowiec
Orzeszki
Zabiele
Wesołowo
Jesionowiec
Kucbork
Łuka
Kołodziejowy Grąd
Zieleniec Duży
Głuch
Lejkowo
Księży Lasek
Stachy
164
Przeździęk Mały
Cyk
Lesiny Wielkie
57
590
600
16
53
58
508
25
32
33
22
26
37

D
E
F
111
1
2
3
4
5
6
Szestno
J. Sałęt
Mierzejewo
Wejdyki
Rybical
Ławki
Rudówka
Jagodne Małe
J. Jagodne
J. Szymoneckie
J. Czarne
Popowo Salęckie
J. Notyst
J. Ryńskie
Zalec
Muntowo
Notyst Mały
J. Szymon
J. Tałtowisko
Szymonka
Górkło
Młynowo
Użranki
J. Tałty
Olszewo
Dąbrówka
J. Juksty
Jora Wielka
Lelek
Woźnice
Grabówek
212
J. Czos
Tałty
Grabówka
Kosewo
Baranowo
Faszcze
Rezerwat Czapliniec
Nowy Probark
J. Probarskie
J. Głębokie
Wierzbowo
J. Kuc
Prawdowo
J. Łuknajno
206
Jakubowo
Zełwągi
Mikołajki
Dziubiele
J. Tuchlin
J. Wągiel
Stawek
Brejdyny
Lipowo
Mazurski
J. Śniardwy
Piecki
Popielno
Dobry Lasek
144
Bobrówko
Iznota
Nawiady
Cierzpięty
Park dzikich zwierząt
J. Warmoły
Kadzidłowo
Nowa Ukta
Kamień
Park
122
Mojtyny
Końcewo
J. Nawiady
J. Bełdany
J. Seksty
Krutyń
Ukta
Wygryny
Piaski
Wejsuny
Krajobrazowy
J. Mokre
Ładne Pole
Stare Kiełbonki
Wojnowo
Osiniak-Piotrowo
Ruciane-Nida
Niedersee-Nieden
Zgon
Snopki
J. Zdróżno
143
140
J. Brzozolasek
Wąglik
Koczek
Pranie
Szeroki Bór
132
Muzeum
Spychowo
Puszcza
Wiartel
J. Pogubie Wielkie
Krzyże
J. Nidzkie
Zamordeje
Karwica
Piska
Stare Uściany
Wielki Las
Faryny
Borki Rozoskie
Borek
Turośl
Ciesina
Kokoszki
125
Hejdyk
Turośl
Zdunowo
Kwiatuszki Wielkie
Kowalik
Karpa
Wilamowo
Rozogi
Spaliny Wielkie
Woj. warmińsko-mazurskie
Woj. Mazowieckie
Woj. podlaskie
Zimna
Łączki
Antonia
Leman
Warmiak
Ksebki
Dąbrowy
Dudy Puszczańskie
Kanał Turośl
Krysiaki
Piątkowizna
Wolkowe
Zalas
5 km
Nowa Ruda
Stary Myszyniec
Skansen kurpiowski
Niedźwiedź
Tyczek
Wanacja
Wejdo
Cieloszka
Myszyniec
Cięck
Pupkowizna
Turośl
Grzęda

A
B
C
112
32
1
2
3
4
5
6
Jagodne Małe
J. Szymoneckie
Marcinowa Wola
Ublik Wielki
Konopki Wielkie
J. Pamer
Talki
J. Bielskie
656
Olszewo
Stare Juchy
Nowe-Krzywe
Stare-
Zelki
J. Dobrzyń
J. Buwełno
Górkło
Dąbrówka
J. Ublik Mały
Pańska Wola
J. Mleczówka
33
Cierzpięty
Grabówek
Drozdowo
Pianki
Odoje
Ostrów
Skomack Wielki
Rogale
Grabówka
178
J. Tyrkło
Góra
J. Orzysz
Grądy
Kamieńskie
J. Rostki
Wężewo
Orzysz
Arys
Ogródek
J. Druglin
Okartowo
Mikosze
Rostki Skomackie
J. Tuchlin
Tuchlin
Strzelniki
Klusy
31
Szwejkówko
Wierzbiny
16
J. Lipińskie
J. Kępno
J. Śniardwy
Nowe Guty
135
J. Zdedy
Gaudynki
J. Białoławki
Kwik
Gorzekały
Mazurski
24
Bemowo Piskie
Kociołek Szlachecki
Dzięgałówka
Park
Zdory
J. Kocioł
Pogorzel Wielka
122
63
Rostki
Szczechy Wielkie
J. Seksty
Drygały
Krajobra-
Trzonki
Pilchy
Zalesie
zowy
Karwik
J. Roś
132
Nowe Drygały
Ruda
Mys
Imionek
Maldanin
Sulimy
138
Snopki
Łupki
667
Pisz
Johannisburg
Orłowo
Oblewo
Kruszewo
Wąglik
Kocioł Duży
35
J. Brzozolasek
Jagodne
Konopki
Myśli
Jabłoń
Stare Guty
Kaliszki
Biała Piska
58
Pietrzyki
Rakowo Piskie
Komorowo
Kożuchy
J. Pogubie Wielkie
Bełcząc
Szymki
Szkody
Droga Tysiąca Jezior
(południowa)
Borki
Bogumiły
Liski
Kumielsk
Kowalewo
Pogubie Średnie
Wielki Las
Guzki
Cwaliny
Niedźw
Woj. warmińsko-mazur
Woj. podlaskie
207
Glinki
Milewo-Gałązki
Brz
Pogubie Tylne
Pisa
Turowo
Filipki Duże
Truszki
Andrych
Okurowo
Danowo
Kumelsk
Przyborowo
135
Jeże
Brzozowo
Kiełcze-Kopki
Kowalewo
Stare Kiełcze
Stare Guty
Łacha
Bialiki
Górskie
Lachowo
Kossaki
Grabowo
Wincenta
Rydzewo-Świątki
Wiszowate
38
50
Kozioł
Czerwone
Stary Gromadzyn
Koziki-Olszyny
Konopki-Białystok
Skroda Wielka
Waszki
Kolno
Wścieklice
647
Turośl
Trzcińskie
Ptaki
Zabiele
Zakaleń
116
Zaskrodzie
Barzykowo
Dzierzbia
Kolimagi
648

D
E
F
113
1
2
3
4
5
6
EŁK
LYCK
Piaski
Chojniak
Straduny
Płociczno
Krokocie
Gąsiorówko
Iwaśki
Marcinowo
Bałamutowo
Golubie
Piętki
Królowa Wola
Oracze
Chełchy
Mikołajki
Kalinowo
Skomętno Wielkie
Długie
Wityny
Przykopka
Lega
Wysokie
Sędki
Siedliska
Mazurowo
J. Skomętno
Ostoja bobrów
J. Sunowo
Laski Wielkie
Pisanica
J. Selmęt Wielki
Bartosze
J. Ełckie
Buniaki
J. Szarek
Chruściele
Łoje
Mrozy Wielkie
Regielnica
Makosieje
Szarek
Talusy
Barany
Kałęczyny
Sypitki
Stacze
J. Białe
Regiel
Kucze
Karbowskie
Nowa Wieś Ełcka
Laski Małe
J. Stackie
J. Krzywe
Wiśniowo Ełckie
Krzywe
Katarzynowo
Średniowieczne grodzisko
Bajtkowo
Lipińskie Małe
Zawady
J. Rajgrodzkie
Bobry
Dąbrowskie
Kopijki
Rajgród
Krzywińskie
Borki
Miłusze
Ostrykół
Skrodzkie
Czarna Wieś
Długosze
Kobylin
Krupin
Prostki
Kosiły
Tama
Glinki
Rydzewo
Łazarze
Dybowskie
Dybowo
Bogusze
Bełda
Czapliniec Bełda
Różyńsk Wielki
Miecze
Gorczyce
Mierucie
Stoczek
Kurczątki
Cyprki
Konopki
Biebrza
Pieńczykowo
Kozłówka
J. Borowe
Flesze
Grajewo
Kanał Kuwasy
Sokoły
Jeziorne
Tarachy
Szymany
Rogale Wielkie
Kurejewa
Popowo
Koszarówka
Kurejewko
Wojewodzin
Ruda
Bęćkowo
Rakowo
Wólka
Boczki-Świdrowo
Wierzbowo
Kacprowo
Kanał Rudzki
Bzury
Dybła
Okół
Sojczyn Borowy
Kapice
Szczuczyn
Dołęgi
Świdry-Awissa
Niećkowo
Modzele
Przechody
Ciemnoszyje
Kędziorowo
Zalesie
Wólka Brzozowa
Wąsosz
Łempice
Białaszewo
Bagienice
Sulewo Kownaty
Kolonia Białaszewo
Białogrądy
Osowiec
Rezerwat Ławski Las
Wissa
Żebry
Szafranki
Twierdza Osowiec
Modzele
Ławsk
Bukowo
Kownatki
Ostoja bobrów
Osowiec-Twierdza
Biebrzański
Nieciki
Czerwonki
Klimaszewnica
Kramarzewo
Siwki
Zakrzewo
Święcienin
Kramkówka
Słucz
Borawskie-Awissa
Mścichy
Park
Wilamowo
Glinki
Wilamówka
Kulesze
Radziłów
Karwowo
5 km
Okrasin
Romany
Chrzanowo Włościańskie
Gardoty
Racibory-Jurgi
Narodowy
Mroczki
Boguszki
Przytuły
Kubra
Obrytki

KARTENLEGENDE

Autobahn mit Anschlussstelle - Mautstelle (Trento, 14)	Motorway with junction - Toll
Autobahn in Bau - geplant (Datum/Date)	Motorway under construction - projected
Tankstelle - Rasthaus - mit Motel	Filling station - Restaurant - with motel
Vierspurige Straße - in Bau	Road with four lanes - under construction
National- oder Staatsstraße - in Bau	Trunk road - under construction
Wichtige Hauptstraße - in Bau	Important main road - under construction
Hauptstraße - Nebenstraße	Main road - Secondary road
Fahrweg - Fußweg	Practicable road - Foothpath
Passstraße mit Wintersperre - Steigung (X-IV, 1209, 15%)	Mountain pass closed in winter - Gradient
Für Wohnwagen nicht empfehlenswert - gesperrt	Not suitable for caravans - closed
Gebührenpflichtige Straße - Für Kfz gesperrt	Toll road - Road closed for motor traffic
Hauptbahn mit Bahnhof - Nebenbahn	Main railway with station - Other railway
Eisenbahn (Güterverkehr) - Autoverladung	Railway (freight haulage) - Railway ferry for cars
Zahnradbahn - Seilbahn - Sessellift	Rack-railway - Cable lift - Chair lift
Autofähre - Schifffahrtslinie	Car ferry - Shipping route
Flughafen - Regionalflughafen - - Flugplatz - Segelflugplatz	Airport - Regional airport - - Airfield - Gliding field
Besonders sehenswerter Ort (EŁK)	Place of particular interest
Besondere Natursehenswürdigkeit (Ostoja bobrów)	Natural object of particular interest
Museumseisenbahn	Tourist train
Landschaftlich schöne Strecke	Scenic road
Touristenstraße (Route des Grandes Alpes)	Tourist route
Nationalpark, Naturpark - Aussichtspunkt	National park, nature park - Viewpoint
Botanischer Garten, sehenswerter Park - - Zoologischer Garten	Botanical gardens, interesting park - - Zoological garden
Burg, Schloss - Burgruine	Castle, Palace - Castle ruin
Kirche - Kloster - Ruinen	Church - Monastery - Ruins
Turm - Funk- oder Fernsehturm	Tower - Radio- or TV tower
Denkmal -Windmühle- Leuchtturm	Monument - Windmil-Lighthouse
Golfplatz - Jachthafen	Golf-course - Marina
Hotel, Motel, Gasthaus - Höhle	Hotel, Motel, Inn - Cave
Campingplatz - Jugendherberge	Camping - Youth hostel
Strandbad - Schwimmbad - Heilbad	Bathing place - Swimming pool - Spa
Staatsgrenze	State boundary
Grenzkontrollstelle international - - mit Beschränkung	International check-point - - Check-point with restrictions
Verwaltungsgrenze - Sperrgebiet	Administrative boundary - Restricted area
Ausflüge & Touren	Excursions & tours

FÜR IHRE NÄCHSTE REISE

gibt es folgende MARCO POLO Titel:

DEUTSCHLAND
Allgäu
Amrum/Föhr
Bayerischer Wald
Berlin
Bodensee
Chiemgau/Berchtesgadener Land
Dresden/Sächsische Schweiz
Düsseldorf
Eifel
Erzgebirge/Vogtland
Franken
Frankfurt
Hamburg
Harz
Heidelberg
Köln
Lausitz/Spreewald/Zittauer Gebirge
Leipzig
Lüneburger Heide/Wendland
Mark Brandenburg
Mecklenburgische Seenplatte
Mosel
München
Nordseeküste Schleswig-Holstein
Oberbayern
Ostfriesische Inseln
Ostfriesland/Nordseeküste Niedersachsen/Helgoland
Ostseeküste Mecklenburg-Vorpommern
Ostseeküste Schleswig-Holstein
Pfalz
Potsdam
Rheingau/Wiesbaden
Rügen/Hiddensee/Stralsund
Ruhrgebiet
Sauerland
Schwäbische Alb
Schwarzwald
Stuttgart
Sylt
Thüringen
Usedom
Weimar

ÖSTERREICH | SCHWEIZ
Berner Oberland/Bern
Kärnten
Österreich
Salzburger Land
Schweiz
Steiermark
Tessin
Tirol
Wien
Zürich

FRANKREICH
Bretagne
Burgund
Côte d'Azur/Monaco
Elsass
Frankreich
Französische Atlantikküste
Korsika
Languedoc-Roussillon
Loire-Tal
Nizza/Antibes/Cannes/Monaco
Normandie
Paris
Provence

ITALIEN | MALTA
Apulien
Capri
Dolomiten
Elba/Toskanischer Archipel
Emilia-Romagna
Florenz
Gardasee
Golf von Neapel
Ischia
Italien
Italienische Adria
Italien Nord
Italien Süd
Kalabrien
Ligurien/Cinque Terre
Mailand/Lombardei
Malta/Gozo
Oberital. Seen
Piemont/Turin
Rom
Sardinien
Sizilien/Liparische Inseln
Südtirol
Toskana
Umbrien
Venedig
Venetien/Friaul

SPANIEN | PORTUGAL
Algarve
Andalusien
Barcelona
Baskenland/Bilbao
Costa Blanca
Costa Brava
Costa del Sol/Granada
Fuerteventura
Gran Canaria
Ibiza/Formentera
Jakobsweg/Spanien
La Gomera/El Hierro
Lanzarote
La Palma
Lissabon
Madeira
Madrid
Mallorca
Menorca
Portugal
Sevilla
Spanien
Teneriffa

NORDEUROPA
Bornholm
Dänemark
Finnland
Island
Kopenhagen
Norwegen
Oslo
Schweden
Stockholm
Südschweden

WESTEUROPA | BENELUX
Amsterdam
Brüssel
Dublin
Edinburgh
England
Flandern
Irland
Kanalinseln
London
Luxemburg
Niederlande
Niederländische Küste
Schottland
Südengland

OSTEUROPA
Baltikum
Budapest
Danzig
Estland
Kaliningrader Gebiet
Krakau
Lettland
Litauen/Kurische Nehrung
Masurische Seen
Moskau
Plattensee
Polen
Polnische Ostseeküste/Danzig
Prag
Riesengebirge
Russland
Slowakei
St. Petersburg
Tallinn
Tschechien
Ukraine
Ungarn
Warschau

SÜDOSTEUROPA
Bulgarien
Bulgarische Schwarzmeerküste
Kroatische Küste/Dalmatien
Kroatische Küste/Istrien/Kvarner
Montenegro
Rumänien
Slowenien

GRIECHENLAND | TÜRKEI | ZYPERN
Athen
Chalkidiki
Griechenland Festland
Griechische Inseln/Ägäis
Istanbul
Korfu
Kos
Kreta
Peloponnes
Rhodos
Samos
Santorin
Türkei
Türkische Südküste
Türkische Westküste
Zakinthos
Zypern

NORDAMERIKA
Alaska
Chicago und die Großen Seen
Florida
Hawaii
Kalifornien
Kanada
Kanada Ost
Kanada West
Las Vegas
Los Angeles
New York
San Francisco
USA
USA Neuengland/Long Island
USA Ost
USA Südstaaten/New Orleans
USA Südwest
USA West
Washington D.C.

MITTEL- UND SÜDAMERIKA
Argentinien
Brasilien
Chile
Costa Rica
Dominikanische Republik
Jamaika
Karibik/Große Antillen
Karibik/Kleine Antillen
Kuba
Mexiko
Peru/Bolivien
Venezuela
Yucatán

AFRIKA | VORDERER ORIENT
Ägypten
Djerba/Südtunesien
Dubai
Israel
Jerusalem
Jordanien
Kapstadt/Wine Lands/Garden Route
Kapverdische Inseln
Kenia
Marokko
Namibia
Qatar/Bahrain/Kuwait
Rotes Meer/Sinai
Südafrika
Tansania, Sansibar
Tunesien
Vereinigte Arabische Emirate

ASIEN
Bali/Lombok
Bangkok
China
Hongkong/Macau
Indien
Indien/Der Süden
Japan
Kambodscha
Ko Samui/Ko Phangan
Krabi/Ko Phi Phi/Ko Lanta
Malaysia
Nepal
Peking
Philippinen
Phuket
Rajasthan
Shanghai
Singapur
Sri Lanka
Thailand
Tokio
Vietnam

INDISCHER OZEAN | PAZIFIK
Australien
Malediven
Mauritius
Neuseeland
Seychellen
Südsee

REGISTER

Im Register sind alle beschriebenen Orte und Ausflugsziele sowie die meisten Seen (Jezioro) verzeichnet. Halbfette Seitenzahlen verweisen auf den Haupteintrag, kursive auf ein Foto.

> SCHREIBEN SIE UNS!

Liebe Leserin, lieber Leser,

wir setzen alles daran, Ihnen möglichst aktuelle Informationen mit auf die Reise zu geben. Dennoch schleichen sich manchmal Fehler ein – trotz gründlicher Recherche unserer Autoren/innen. Sie haben sicherlich Verständnis, dass der Verlag dafür keine Haftung übernehmen kann.

Wir freuen uns aber, wenn Sie uns schreiben.

Senden Sie Ihre Post an die MARCO POLO Redaktion, MAIRDUMONT, Postfach 31 51, 73751 Ostfildern, info@marcopolo.de

IMPRESSUM

Titelbild: Fluss Czarna Hancza im Wigry Nationalpark, Kajakfahrer (Bilderberg: T. Gerber)
Fotos: Andrus: Łukasz Andruszkiewicz (90 M.r.); Bilderberg: T. Gerber (1); Biolandgut Masuren Marczak (15 u.); Centrum Promocji i Informacji Turystycznej: Marcin Kedzierski (91 o.l.); Colorvision: Uthoff (3 M., 11, 94); Feldhoff & Martin (96); © fotolia.com: jeffrey van daele (12 u.), Daniel Hohlfeld (15 o.), sculpies (14 u.); Forum: (23), J. Morek (81); R. Freyer (U. l., 2 r., 3 l., 20, 38/39, 46, 49, 53, 56/57, 61, 64, 70, 73, 75, 78, 87, 119); Fundacja Ochrony Wielkich Jezior Mazurskich: Zdzislaw Suski (14 o.); HB Verlag: Hilbich (69), Hirth (22/23, 44, 54, 108/109); Huber: Mehlig (84/85), Schmid (6/7, 62, 92/93); © iStockphoto.com: Ivan Bajic (91 M.l.), Glenn Bo (90 M.l.), Ewa Brozek 90 o.l.), Jovana Cetkovic (13 u.), Anson Hung (91 u.r.); L. Janicek (28/29); Karczma Stary Młyn: Andrzej Romejko (13 o.); Laif: Daams (4 r., 37), Linkel (24/25, 50), Westrich (51); Lech Marczak (12 o.); Mauritius: BE&W (26, 27), Mehlig (U. M., 2 l., 3 r., 5, 34, 43), Vidler (22); Mazurskie Centrum Aktywnego Wypoczynku: Krzysztof Borowski (91 M.r.); T. Plath (122); Siedlisko Morena (14 M.); T. Stankiewicz (U. r., 4 l., 18, 30/31, 40, 67, 83, 88, 96/97, 97); Tawerna Stranda: Rafal Gonczaronek (90 u.r.); Transit-Archiv: Härtrich (28, 29), Hirth (32, 58, 76/77), Kürtz (8/9, 16/17, 66)

5. (8.) aktualisierte Auflage 2011

Chefredaktion: Michaela Lienemann (Konzept, Chefin vom Dienst), Marion Zorn (Konzept, Textchefin)
Autorinnen: Gabriele Lesser, Eva Krafczyk; Bearbeitung: Thoralf Plath; Redaktion: Arnd M. Schuppius
Programmbetreuung: Silwen Randebrock; Bildredaktion: Barbara Schmid, Gabriele Forst
Szene/24h: wunder media, München
Kartografie Reiseatlas: © MAIRDUMONT, Ostfildern
Innengestaltung: Zum goldenen Hirschen, Hamburg; Titel/S. 1–3: Factor Product, München
Sprachführer: in Zusammenarbeit mit Ernst Klett Sprachen GmbH, Stuttgart, Redaktion PONS Wörterbücher

Printed in Germany. Gedruckt auf 100% chlorfrei gebleichtem Papier

> UNSER INSIDER

MARCO POLO Korrespondent Thoralf Plath im Interview

Thoralf Plath lebt seit 1995 in der russischen Exklave Kaliningrad. Der gebürtige Rüganer ist schon lange ein Fan der Seen Masurens.

Wo und wie leben Sie genau?

Ganz nah am Meer. Bis zum Strand sind es nur wenige Meter. Wir leben in Selenogradsk, dem alten ostpreußischen Königs-Seebad Cranz am Fuß der Kurischen Nehrung. Dort haben wir 1999 ein altes deutsches Haus gekauft und ausgebaut. Ein guter Ort zum Leben. Die Ostsee vor der Haustür; man ist mit dem Auto oder mit der Elektritschka in 30 Minuten in Kaliningrad. Und auch bis Masuren ist es nicht weit.

Was reizt Sie an Masuren?

Es ist einfach eine wundervolle Naturlandschaft. Nicht spektakulär, nein, im Gegenteil, von sanfter, melancholischer Schönheit. Es ist, als lebe ein verborgener Zauber in diesen östlichen Landschaften, dem mit Worten kaum beizukommen ist, und in Masuren spürt man das, trotz des Tourismus, der in den letzten Jahren deutlich zugenommen hat. Man sollte möglichst langsam unterwegs sein, am besten mit dem Fahrrad, zu Fuß. Im Frühnebel eines Sommermorgens auf einen See hinausrudern, sich treiben lassen. Diese Stimmungen wie aus einer verlorenen Zeit, das mag ich so an Masuren. Nicht umsonst sagt man: Wer einmal in Masuren war, geht nie wieder ganz weg.

Was mögen Sie an Masuren nicht so?

Die überfüllten Urlauberzentren wie Giżycko und Mikołajki in der Ferienzeit. Auch die vielen „Privat"-Verbotsschilder, mit denen Grundstücksbesitzer, meist wohlhabende Warschauer, ihre Datschen und manchmal gleich ein gutes Stück Seeufer dazu vor Touristen „schützen". Und was ich nun ganz und gar nicht mag, ist der kommerzielle Rummel rings um das frühere Hitler-Hauptquartier Wolfsschanze.

Was machen Sie beruflich?

Ich bin Journalist und berichte für die Nachrichtenagentur dpa, das Info-Portal Russland-Aktuell und diverse deutsche Printmedien aus Königsberg, dem Norden Polens und den baltischen Staaten. Darüber hinaus organisiere ich Touren für Gruppen und Individualreisende und betreue auch Gäste vor Ort.

Was tun Sie in Ihrer Freizeit?

Da bin ich gern in der Natur unterwegs, je entlegener, desto besser, als Kontrastprogramm sozusagen zu meinem bewegten Berufsleben. Mein großes Hobby ist aber das Segeln. Wann immer Zeit für längere Törns ist, bin ich mit meinem Boot auf der Ostsee unterwegs, aber gern auch auf den Masurischen Seen, wo man überall chartern kann. Masuren ist ein wunderbares Segelrevier.

10 € GUTSCHEIN für Ihr persönliches Fotobuch*!

Gilt aus rechtlichen Gründen nur bei Kauf des Reiseführers in Deutschland und der Schweiz

SO GEHT'S: Einfach auf www.marcopolo.de/fotoservice/gutschein gehen, Wunsch-Fotobuch mit den eigenen Bildern gestalten, Bestellung abschicken und dabei Ihren Gutschein mit persönlichem Code einlösen.

Ihr persönlicher Gutschein-Code: mp9byjsurz

Zum Beispiel das MARCO POLO FUN A5 Fotobuch für 7,49 €.

* Dies ist ein spezielles Angebot der fotokasten GmbH. Der Gutschein ist einmal pro Haushalt/ Person einlösbar. Dieser Gutschein gilt nicht in Verbindung mit weiteren Gutscheinaktionen. Eine Barauszahlung ist nicht möglich. Gültig bis 31.12.2015. Der Gutschein kann auf www.marcopolo.de/ fotoservice/gutschein auf alle Angebote und Versandkosten (Deutschland 4,95 €, Schweiz 9,95 €) der fotokasten GmbH angerechnet werden.

powered by fotokasten

www.marcopolo.de/fotoservice/gutschein

> BLOSS NICHT!

Sogar in Masuren gibt es Dinge, die man besser nicht tut

Alkoholisiert Auto fahren

Nach wie vor ist Alkohol am Steuer eine der Hauptursachen für Unfälle in Polen, das zu den europäischen Spitzenreitern bei tödlichen Verkehrsunfällen zählt. Zwar wurde die Promillegrenze unlängst vom absoluten Alkoholverbot auf 0,2 gelockert. Doch die sind schneller überschritten, als man glaubt. Darum: Ein kühles Bier, ein Schoppen Wein zum Essen oder einen Wodka zur Verdauung auf jeden Fall meiden, wenn Sie anschließend noch Auto fahren wollen oder müssen. Verkehrskontrollen sind häufig und streng, Verstöße werden hart geahndet. Selbst wenn es Ihnen gelingen sollte, den Polizisten vom sofortigen Einkassieren Ihres Führerscheins abzuhalten – teuer wird der Spaß in jedem Fall.

Auf Autodiebe hereinfallen

Die meisten Warnungen vor Autodieben in Polen sind ziemlich übertrieben, doch eine reine Erfindung ist dieses Thema eben auch nicht. Darum: Wenn Sie mit dem Auto oder im Wohnmobil nach Masuren reisen, sollten Sie durchaus vorsichtig sein. Das gilt vor allem für neue, teure Wagen, Autodiebe bevorzugen deutsche Oberklassemarken. Generell gilt: Gehen Sie einfach auf Nummer sicher. Also: weder Wertsachen im Auto liegen lassen, noch den Wagen für längere Zeit unbeobachtet auf einem unbewachten Parkplatz abstellen. Die Horrorgeschichten indes von fingierten Unfällen auf einsamen Landstraßen oder Nägeln auf dem Asphalt, um Autofahrer zum Anhalten zu zwingen und zu berauben, stammen aus den (tatsächlich ziemlich wilden) frühen 1990er-Jahren. Lassen Sie sich durch solche Storys bloß nicht von einer Masuren-Reise abhalten.

Kreditkarten auf dem Land nutzen

Plastikgeld gilt natürlich auch in Polen. Beim Urlaub auf einem Bauernhof sollten Sie allerdings vorher klären, ob Ihr Gastgeber Kreditkarten akzeptiert. Auch viele kleine Restaurants halten an dem Motto „Nur Bares ist Wahres" fest.

Die russische Grenze testen

Die Grenze zur Exklave Kaliningrad mag mancherorts in der menschenleeren Landschaft Nordmasurens aussehen, aus würden die verwitterten Sperrzäune und Grenzpfähle demnächst gänzlich von der Natur überwuchert, doch der Eindruck täuscht: Was Sie sehen, ist nur die erste Zone einer bis zu 1 km breiten und beidseits gut gesicherten Grenzanlage. Vor einem Test sei dringend gewarnt! Wenn Sie von russischen Patrouillen geschnappt werden, schießt dort zwar längst niemand mehr, doch Ärger ist Ihnen gewiss. Immer wieder versuchen waghalsige Touristen, die solche Grenzerlebnisse im freien Westeuropa nicht kennen, den Sperrzonen-Kick. Auch wenn man auf der polnischen Seite problemlos bis an den Zaun gelangen kann – eine Staatsgrenze, zumal die Außengrenze der EU, ist kein Abenteuerspielplatz.